斎藤一人
誰でも成功できる
押し出しの法則

みっちゃん先生

ロング新書

目次

第一章

〝押し出し〟って、いったいなあに？

第二章
〝押し出し〟の道具は、借りてきてもいい

第三章

「押し出しておいて、やさしい人」にみんなが惚れる!

第四章

勝ちを取りに行く道の先に、成功が待っている！

第五章 みっちゃん、生まれてはじめて「セレブ扱い」を受ける

編集協力／田宮陽子

第一章

〝押し出し〟って、いったいなあに？

「布のバッグ」と「ヴィトンのバッグ」どちらが成功者に見えるかな？

「みっちゃん。成功するのに、欠かせないのは〝押し出し〟だよ。〝押し出し〟もやらないで、成功することなんて、できないんだ。一生懸命やっていても、うまくいかないのは、〝押し出し〟が足りないってことなんだよ」

いきなりそう言われ、私はポカンと口を開けてしまった。

私が実業家としての道を歩み始めたころ、「納税額日本一の実業家」である斎藤一人さんに、成功の極意を教わりはじめたときのことだった。

一人さんのレクチャーは、喫茶店でお茶を飲んでいるときやドライブしているときなどに突然始まることが多い。

その日も、喫茶店でアイスコーヒーを飲んでいたら、一人さんがいきなり話し始めた。

一人さんの言うことは、いつもとっぴょうしがない。

親も教師も、いままで誰も教えてくれなかったようなことだ。

一人さんの口から出てくる、ひと言、ひと言が、私にとって、とても新鮮で刺激的だった。

「〝押し出し〟……？　それって、何だろう？

相撲用語のひとつなのかしら？　他の人を力で押しのけろっていう意味なのかな？」

私は頭の中で、いろいろ想像していると、一人さんが続けた。

「〝押し出し〟っていうのは、自分をより高く、カッコよく見せる方法のことだよ。

自分をグンと押し上げて、自分より強い人に勝ちにいくこと。

実はね、これをしないで、成功することなんかできない。

いま成功している人は、〝押し出し〟の威力を知っていて、あの手、この手で、自分の〝押し出し〟をちゃんとしてきた人なんだよ」

例えばさあ……と、一人さんは私の持ってきたバッグを指差した。

それは私のお気に入りのパッチワークの布でできたバッグだった。

「そのバッグって、とっても可愛いし、女の子らしいよね。

でもね、みっちゃん。

みっちゃんが実業家として成功しようと思ったら、その布のバッグじゃ勝てないんだよ。

ちょっとこれを持ってごらん」

一人さんは自分のヴィトンのバッグを私の手に持たせた。

「トイレに行って、大きな鏡で全身を見てごらん。布のバッグを持っているみっちゃんと、ヴィトンのバッグを持ったみっちゃんと、どちらが成功しているように見えるかな？」

私は喫茶店のトイレに行って、二つのバッグをかわるがわる持って、鏡を見た。

ヴィトンのバッグを持った私は、なんだかグッと品が良くなって、いかにも「成功している女性実業家」に見える。

元の布のバッグを持つと、やっぱりどう見ても「普通の女の子」。「実業家」という言葉より、お花やお料理でも習いに来た、家事手伝いの女の子に見える。

バッグひとつで、これほど人の印象って、違うものなのか？

私は、一人さんの言う〝押し出し〟の威力が、ジワジワと心に沁みてきた。

1 〝押し出し〟とは、自分をより高く、カッコ良く見せる方法のこと

バッグを交換しただけで、実業家に見える！

トイレから出て席に戻ると、一人さんがニコニコして、「みっちゃん、どうだった？」とたずねてきた。

「一人さん、私、びっくりしました！

ヴィトンのバッグを手に持っただけで、何だか仕事をジャンジャンバリバリやっている実業家になった気がしますね。バッグひとつで、これほど人の印象って、変わるんですね！もう、すごいすごい大発見です！」

私は興奮した面持ちで、早口にそうまくしたてた。

「そうかい、オレが伝えたかったことが、ちょっとわかったかな？」

一人さんはニコニコしながら、こんな話をしてくれた。

「人ってね、見ていないようで、相手のことをよく見ているんだよ。例えばみっちゃんが、いつもの普段着で布のバッグを持って、仕事の打ちあわせに行くとするだろう？

そうすると、相手の人は、仕事の資料だけを見ているふりをして、実はみっちゃんの全身を見ているんだよ。

それで、『この人には、この程度のギャラを払えばいいかな？』とか考えてたりするもんなんだよ。

ところが、みっちゃんがヴィトンのバッグを持って、ローレックスの腕時計をして、キラキラする大きな指輪をつけて、打ちあわせに行ったとするよね。

すると、相手の人は何にも言わないけど、バッグや腕時計や指輪をさりげなくチラッと見て、『この人は、売れっ子だ！』とか、『仕事ですごく成功してるんだ！』とか、心の中で思っている。

それで、『なにがなんでも、この人を離しちゃダメだ！　ギャランティは予定していたよりも多く出してもいいから、この人にぜひやってもらおう！』とか思ったりするんだよ。

人の思いって、そんなものなの。

特に初対面の場合は、相手の持ち物をよく見てる。

正直言うと着ている服より、バッグとか腕時計とか、アクセサリーをよく見てる。

だって、その人の〝中身〟って、目に見えないだろう？

〝中身〟をわかってもらうには、どうしても時間が必要なんだよ。

『人は、見た目が一〇〇パーセント』っていう法則がある。

まずは、見た目で判断されるんだ。

だから、『かっこつける』じゃなくて、『かっこぐらいつけなきゃダメ』。

見た目で、その人に対する扱いが大きく変わってくるんだよ」


「……」


一人さんの言うことはもっともだと思いながら、私は心の中で「え〜っ、そうかなあ？」と、ちょっと反抗した。

だって、バッグや腕時計で、人を判断されるなんてイヤだ。

やっぱり「中身」を見てほしいし、「性格がいい」とか、「心がきれいか」

とか、そういうことで決めてほしい。
そして、そういう見方をしてくれる人とつきあいたい。
私が無言になっていると、一人さんには私の考えていることがお見通しだったようだ。
私の心を言い当てるように、こんな話をしてくれた。

一人さんの幸せを呼ぶ〝押し出し〟ノート

2 「人は、見た目が一〇〇パーセント」という法則がある

人は「成功していて、かっこよくて、さらにいい人」に魅力を感じる

一人さんは話を続けた。

「みっちゃんは、バッグや腕時計で判断されるのはイヤだって、思っているだろう？

でもね、それが現実なんだよ。

人はもちろん、心がきれいで性格のいい人と付き合いたいと思っている。

でも、『成功していて、かっこよくて、さらにいい人』と、『成功していないし、見た目も残念だけど……、でもいい人』だったら、正直言ってどちらが魅力的だろうか？

『成功していて、かっこよくて、さらにいい人』に決まってるよな。

実はね、『いい人』って、この世にいっぱいいるんだよ。でも、残念ながら、『いい人』がみんな成功できているかというと、そうじゃない。『いい人』だから、女にモテるかというと、残念ながら、そうとも言えないんだよね」

一人さんはちょっと私に微笑みかけると「話は少しそれるけどね……」と断って、こんな話を始めた。

「例えば、田舎に行くと、『いい人』って、いっぱいいるんだよね。田舎にいる青年は、親切で、やさしい人が多いんだけど……、実は深刻な嫁不足に悩んでいて、お嫁さんがなかなか来なくて、困っているよね。あれってね、〝押し出し〟が足りないんだよ。ちょっと極端な例だけど、暴走族っているよね。

暴走族の子って、髪を金色にしたり、背中に龍のついたジャンパー着たりして、自分を強そうに見せてるよね。

あれって、暴走族の〝押し出し〟なんだよ。

だから、暴走族のリーダークラスになると、みんなすごくモテるんだよ。

実は〝押し出し〟をして、強そうに見せている男の方が、圧倒的に女性からモテるんだよな」

「……はい、なるほど、そうですね」

私は思わず地元で見た、ヤンキーのお兄さんたちを思い浮かべた。

そういえば、ものすごいリーゼントにして前髪を盛り上げたり、龍の入ったジャンパーを羽織っていたなあ。

そうか、あれって、ヤンキー兄さんたちの〝押し出し〟だったんだね……。

私がボーッと考えていると、一人さんはさらに話を続けた。

「それで、話は元に戻るけど……、みっちゃんはすでに、『いい人』という要素はたくさん持っている。

だとしたら、あとは『すでに成功した人と同じように見せればいい』だけ。要は〝押し出し〟さえしっかりやれば、あっという間に成功できちゃうんだよ」

そこでいったん話を切って、一人さんは私の目をじっと見ながらこう言った。

「成功するにはね、実力がいるのは確かだけど、〝押し出し〟も絶対いるんだよ。この二つが両方できたときに、成功って手に入るんだよ」

そうか、仕事だけをいくら勤勉にやっていたとしても、〝押し出し〟をしなければ、いつまでも成功はできないんだなあ……。

私の心には、まだ聞きなれない〝押し出し〟という言葉が、グルグル回っていた。

一人さんの幸せを呼ぶ〝押し出し〟ノート

3 成功するには、実力と〝押し出し〟の両方がいるんだよ

一人さんは〝押し出し〟の大切さを昔から知っていた！

一人さんは自分のアイスコーヒーをきれいに飲み干すと、ちょっと遠い目になってこんなことを言った。

「オレは小さいころから、〝押し出し〟の大切さを知っていたんだよ。

二十代のころから、一流のホテルで食事に行くときはタキシードに着替えて行っていたし、二十歳やそこらでロ一レックスの腕時計もしていた。

ちなみにオレは、タキシードやロ一レックスの腕時計は、自分の趣味で身につけていたんじゃないよ。

オレにとって、タキシードやロ一レックスの腕時計は、自分を押し出す〝道具〟なんだよ。わかるかな？

〝押し出し〟って、ものすごく大切なの。

オレはそれを若いころから知っていたから、どこに行ってもなめられなかったし、自分よりずっと年上で成功しているお客さんがきても、気持ちの上で負けることもなかった。

そう、〝押し出し〟をちゃんとやったからこそ、商売も仕事も、すべてうまくいったんだよ。

だから〝押し出し〟ってすっごい大切なことなんだ。

実は、このことを素直に認めて、始めた人から、成功に近づけるんだよ」

私は二〇代のころの一人さんをふっと思い出した。

確かに、一人さんは若いころから商売に成功していた。

二〇代のころから、まっしろなジャガーに乗って、映画俳優みたいな白いボルサリーノの帽子をさっとかぶり、アルマーニのスーツをぴしっと着こなしていた。

まるで『プリティ・ウーマン』の映画で、ハンサムな大富豪の青年を演じたリチャード・ギアみたい（いえ、一人さんの方が、それ以上にかっこいい！）

一人さんの持ち物、しぐさ、言葉のすべてが粋でいかしていて、一人さんを見ている人たちはみな、ためいきが出そうだった。

そうか、あれは一人さんにとっての〝押し出し〟だったのか……。

実業家が命がけでやるほど〝押し出し〟って大切なことなんだなあ……。

一人さんの意外な事実を知って、私の胸の鼓動は早まる一方だった。

4 タキシードやロレックスの腕時計は、〝押し出し〟の道具なんだよ

織田信長も、伊達政宗も〝押し出し〟を使っていた！

一人さんは話を続けた。

「〝押し出し〟っていうのは、昔からあったんだよ。

成功した人やリーダーになった人ほど、〝押し出し〟の威力を知っていて、それを最大限使っていたんだよ。

例えば戦国時代、織田信長は、隣の国にまで押し出していったんだよな。

でも、ただ押し出すんじゃなくて、最新の火縄銃とかを持っていったんだよ。

そうすると、火縄銃を見せつけられた隣の国のヤツが、『織田信長って、こんなにすごい銃を持っているんだ。すごい武将なんだな！』と圧倒されたんだよね。

だから火縄銃は、信長にとって、押し出しの〝道具〟だったんだよ。

それから、伊達政宗っていう武将はね、戦になると、自分のかぶとに大きな三日月を象《かたど》ったものをつけていったの。

なんで、三日月なんてつけていったかというと、自分を強くて、かっこよく見せるため。

だって、戦のときのことを考えると、頭に大きな月なんてつけてると、ジャマなんだよね。

でも、ちゃんと重みを減らすために、軽い桐の木でお月さまを作って、金粉を塗ってキラキラにして、なおかつ逃げる途中に三日月が障害物にぶつかったら首の骨が折れないように、パッとはずれるように細工して……、いろいろ工夫して、お月さまをつけていったの。

なぜなら、最初に敵が自分を見たときに、『うわあ、あいつ、強そうだなあ』って見せると、それだけで相手をすくませることができるからだよ。

わかるかな、みっちゃん？

最初にうんとインパクトを与えるために、〝押し出し〟をするんだよ。

戦国時代の名将は、みんな〝押し出し〟の名人だったんだよ」

私はつばをごくんと呑み込んで、身を乗り出し、さらなる一人さんの話に、全身を集中させて耳を傾けた。

一人さんの幸せを呼ぶ〝押し出し〟ノート

5 最初にうんとインパクトを与えるために〝押し出し〟をする

織田信長の「天守閣」は〝押し出し〟のために作られた！

一人さんは話を続けた。

「織田信長なんていうのは、〝押し出し〟をうまく使う天才だったんだよ。

例えば、信長は、自分の城の安土城に『天守閣』っていうのを作って、当時の人が度胆を抜くくらい、派手に飾りたてたんだよ。

信長が城を作る前は、みんなどこも砦《とりで》（臨時に作る小規模な城）で、すごく質素な建物しかなかったんだよ。石や土を積み重ねて建物を作って、その周りに簡単なお堀を掘って、柵を作って……、それを『城』と呼んでいたんだよ。

ところが信長が、すごい天守閣を作って、きらびやかに飾りたてたときに、周りにある小さな国が、一発で信長の味方になったんだよね。

なぜなら、『信長の味方になろうか、それとも敵方の味方になろうか……』って、迷っている人って、いっぱいいたんだよ。

それで両方のお城に偵察に行ったら、片方は小汚い砦みたいなところに住んでいて、信長はきらびやかな天守閣に住んでいる。

だから、小さい国は、一発で信長の方に味方になったんだよ」

「……うわあ、一人さん、知りませんでした。信長の安土城の天守閣って、〝押し出し〟のために作ったんですね」

学校の歴史の時間に、信長が天守閣を作ったことは習っていたけれど、まさか味方を増やすための〝押し出し〟だったとは……。これだから、一人さんが歴史を語るとおもしろい。ぐっと惹きこまれてしまう。

6 「天守閣」を見て、迷っていた国は信長の味方になった

秀吉は戦場に、「黄金の茶室」を持っていった！

一人さんは、さらに話を続けた。

「みっちゃん、それからね、豊臣秀吉も、財力を見せるために大阪城っていうすごい城を作ったんだけど……、さらに秀吉はすごい〝押し出し〟をした

んだよ。

戦になると、あたりまえだけど城って、持っていけないんだよな。それで、当時はお茶が流行っていて、殿さま同士、お茶に招待するのが習わしだったんだよ。

そこで秀吉は、金の茶室とか、金の茶釜とか、金の湯のみを作ったんだよ。茶室なら、解体してから戦場に持っていくことができるだろう？

秀吉は、戦場で、金の茶室を組み立てて、金の湯のみでお茶をふるまったんだよな」

「へえ、秀吉は戦場で、金の茶室でお茶したんですか？」

私はちょっと驚いた。だって、戦場って、戦いをするところだろう。そんなところで、わざわざキンキラキンの茶室を建てて、優雅にお茶なんかふるまっている場合なのかな。

そんなことをしたら、敵に隙をつかれそうなものだけど……。私はさらなる一人さんの話を待った。

一人さんは話を続けた。

「戦場に来ても、殿さまたちは、いきなり戦をしないんだよ。まずは『どっち側につこうかな?』と思って、必ず使節団みたいなのを出すんだよ。遣わされた人たちは秀吉のところに行くと、いきなり戦場に絢爛豪華な金の茶室が現れるからびっくりするんだよ。それで、金の茶釜とか金の湯呑でお茶をふるまわれると、もう圧倒されちゃうんだよね。

『うわあ、秀吉って、とんでもない財力を持った殿さまなんだなあ』って。それで急いで自分の殿さまのところに帰って、『絶対に、秀吉についた方が勝てますよ』と報告する。その殿さまは秀吉側にすぐについちゃうんだよね。

特に小さい国の殿さまは、とにかく強い方について、負けないようにすることで必死なんだよ。

わかるかい、みっちゃん。

だから、秀吉みたいに、うわあと押し出していると、しなくちゃいけない戦をしないで済むんだよ。ムダな命をとらないで済むんだよ。

その秀吉を、千利休は『殿は、ワビの世界がわかっていない……』と批判したんだよね。

ワビだとか、サビだとか、うるさいっていうんだよ（笑）。

秀吉は、どうしたら戦国時代を終わらせられるかって考えて、命がけで〝押し出し〟してるんだよ。

お茶かきまわして生きている千利休とは、考える視点が違うんだよな」

（お茶やってる人にはゴメンなさい。言い過ぎました……。――一人さんより）

「……ふふふ、そうですよね、一人さん」。私は思わず、笑ってしまった。

「お茶かきまわして生きている千利休」という表現は一人さんのジョークだけど……、やっぱり秀吉ってすごいんだなあ！

秀吉のことを、「成り上がり者だ」とか、「キンキラキンの茶室なんか造って、悪目立ちがすぎる」とか、世間の人はいろんなことを言う。

でも、やっぱり「天才」と言われる人のやることには、深い意味があって、ムダがない。やはり「実業界の天才」である一人さんには、そういう秀吉の深い思いの部分がよくわかるんだな。私は心打たれる思いだった。

一人さんの幸せを呼ぶ〝押し出し〟ノート

7 秀吉みたいに押し出していると戦国時代を早く終わらせることができるんだよ

第二章

〝押し出し〟の道具は、借りてきてもいい

中古でも、借りてきてもいいから、とにかく身につける

一人さんの話を聞いていて、〝押し出し〟の大切さはわかってきたものの、「でも……」と私は、心の中にある生意気心がムクムクと頭をもたげてきた。

ローレックスの時計とか、ヴィトンのバックとか、そういう「ハイクラスなもの」は、一人さんがすでに成功していたから買えたのではないの……？

私のように貯金もろくにない、駆け出しの実業家には、まだ早いんじゃないの？

頭が固くて、素直でない私は、どうしても後ろ向きに考えてしまう。

「あの、一人さん」

思わず、私は一人さんに言ってしまった。

「私みたいに貯金がない人は、ヴィトンやローレックスなんて、ポンと買えません。そういう場合は、どうしたらいいんでしょうか？」

「みっちゃん、それはね……」

私がつっかかっても、一人さんはどこまでも動じない。

どこまでも笑顔で、やんわりと答えてくれる。

「それはね、どうにかして安く手に入れる方法を考えるんだよ。

中古のモノなら、ちょっとキズがついているだけで、かなり安くなる。そんな小さな傷なんて、他の人にはわかりゃしない。

それから、クラス会とかで、〝押し出し〟をしたいんだったら、シャネルとか、ヴィトンとかのバッグを、友達から借りてきてもいいんだよ」

私はこの一人さんの言葉に、思わず、「えっ？」と思った。

なぜ、クラス会で、〝押し出し〟をする必要があるんだろう。

仕事の場で勝ちにいくのならわかるけど、なぜ同級生と会うのに、押し出す必要があるのかなあ？

私がマヌケな顔で黙っていると、一人さんは私の疑問を察したように、

「あのね、みっちゃん。

例えば、みっちゃんのことを昔、いじめてたヤツがいるとするよね。

そういう人が、一流大学に入って、そのことを自慢してたとするだろう？

そういう場合、みっちゃんはいまから一流大学には入れないよね？」

私は即座に「はい、とてもとても、入れません！」ときっぱり言った。

私のきっぱりした返事がツボに入ったようで、一人さんは「ははは……」

とほがらかに笑いながら、説明してくれた。

「そういう場合、みっちゃんは、ただ押し出されてちゃダメなんだよ。

押し出されてると、人生、ちっとも楽しくない。

クラス会に行っても、悔しい思いをして、帰ってくるだけなんだよ。

だから、そういうときは、シャネルとか、ヴィトンとか、相手の持ってこられないようなバッグのひとつも持っていくの。

相手はみっちゃんのバッグを見て、『わあ、すごいのねえ』とか言って、密かにこう思っているよ。

『この子、昔はパッとしなかったけど、いまは何かの仕事で成功したんだなあ。出世したんだなあ……』って。

そうやって、相手にすごいと思わせてやるの、おもしろいと思わないかい？」

私は思わず、胸がスカッとして、「いいですねえ、一人さん！」とぱちぱち手をたたいてしまった。

実際、私には、そういうイヤな同級生がいた。

彼女は頭が良くて、勉強もよく出来た。

私はいつも低空飛行の成績だったし、運動でもクラブでも、すべてにおいてドン臭かったので、彼女から「大トロ（ものすごくトロいという意味）」というあだ名で呼ばれていた。

当時は傷つくことを言われたり、いじめられたりしても、私はただ、されるがままになっていた。

でも、一人さんが教えてくれた〝押し出し〟を使った勝ち方なら、私も今度のクラス会でできるかもしれない。

私はなんだか胸にワクワクするものがこみ上げてきた。

一人さんの幸せを呼ぶ〝押し出し〟ノート

8 昔いじめられていた人を、クラス会であっといわせる

「ニセモノをつけると、ニセモノの人間になっちゃう」はウソ

一人さんは〝押し出し〟の話を続けた。

「ヴィトンやシャネルのバッグだったら、中古でもいいし、借りてきてもいい。アクセサリーだったらイミテーションでいいから、本物のダイヤモンドみたいに見えて、キラキラした大きなものを探せばいいんだよ。

成功できない人ほど、『古いものを持つと、古物の人間になっちゃう』とか、『借りもの持つと、借り物の人間になっちゃう』とか、『ニセモノ持つと、ニセモノの人間になっちゃう』とか言うだろう。

でも、そんなことを言ってたら、永久に、いいものは金持ちの人間しか持

てないんだよ。

いいかい？　借りてでもいいから、勝つの。

わかるかい、人生の勝ちを取りに行くんだよ。

まずはバッグでも、指輪でも、なにかひとつでいい。

高そうに見えるもの、お金持ちそうに見えるもの、成功して見えるものをつけてごらん。

そうすると、周りの人の扱いが変わってくるよ」


なんだか胸がワクワクしてきた。

これだから、一人さんの教えは楽しくってたまらない。

一人さんは、学歴があったり、何かえらい立場にあるからといって、弱い人にえばったりする人が大嫌いだ。

自分の弟子たちが理不尽に悔しい思いをすることがあると、相手に猛然と立ち向かい、それこそ命がけで守ってくれる。

私のように何も持っていない人間でも、なんとかして相手に勝てる方法を、一瞬にして考えて教えてくれる。

そんなとき、私が感激して泣きそうになると、一人さんはいつも言う。

「師匠が、弟子のことを守るのは、あたりまえなんだよ」って……。

そこが一人さんの男気なのだ。

そんな一人さんの男気を見るたびに、みんなジーンとしびれて惚れてしまい、「何がなんでもこの人についていこう」と思うのだ。

生涯納税額日本一の我らが大師匠、一人さんは、とてつもなく懐が深い人なのだ。

9 バッグでも、指輪でも、なにかひとつでいい 成功しているように見えるものをつけてごらん

織田信長は自分の城を、斎藤道三に守ってもらった！

「なんか、話すのに夢中になってたら、お昼をだいぶ過ぎちゃったな。みっ

ちゃんもお腹すいたろう？　何か食べに入ろうよ」

一人さんはそう言うと、近くのレストランに私を連れて行ってくれた。

店に入ると、ウエイトレスさんが、「いらっしゃいませ、こちらへどうぞ」と席へと案内してくれる。どうやら彼女は新人さんらしく、「研修中」という名札を胸につけている。まだちょっとぎこちない接客だけど、一生懸命、働こうとしているのが手にとるようにわかる。

「この席かい？　ありがとね」。一人さんはウエイトレスさんが指定した席について、にこやかにお礼を言うと、ウエイトレスさんの名札をさりげなく見た。

そして「鈴木さんかい？　いい笑顔だね」と彼女を名指しでほめた。

その瞬間、ウエイトレスさんの瞳がパッと輝いた。彼女はこぼれるような笑顔を見せると、イキイキとした様子で元気にお皿を運び出した。

一人さんはいつも、こうなのだ。

一生懸命、働いている若者を見かけると、必ず、相手が喜ぶような言葉をかける。

このウエイトレスさんだって、まさか自分が、日本一の大実業家からほめられていることなど気付いていないだろう。

でも、たとえ斎藤一人さんだと知らなくても、相手は一人さんのひと言で、水を得た魚のように元気になっていく。

一人さんの言葉には、そんな魔法がある。

私は一人さんとウエイトレスさんのやりとりを見ながら、そんなことを思っていた。

一人さんは私の方を向いて、話をはじめた。

「さっき〝押し出し〟の道具は借りてきてもいいんだよって言ったよね。

よく『ここ一番の勝負をするときは、自分のモノだけで勝負しなきゃいけない』とかって言う人がいるよね。

でも、そういうこと言う人に限って、成功していないんだよな。そういう、くだらないこと言ってるから、勝てないんだよ」

一人さんは、お冷を静かに飲むと、こんな話を始めた。


「織田信長だってね、最初、隣の国を攻めていくときに、兵隊を借りていたんだよ。

あの信長だって、最初のうちは、自分の国には少ししか兵隊がいなかった。だから、自分の舅《しゅうと》である、美濃の国の斎藤道三から、兵隊を借りていたんだよ。

それで、どうやって借りていたかというと……。信長って、むちゃくちゃな性格で、自分の兵隊を、全員戦場に連れて行っちゃうんだよ。

普通は、戦場に行く兵隊の他に、必ず、自分のお城を守る兵隊を置いていくんだよ。

でも、信長は、そうはしなかった。全員、戦場に連れて行っちゃったんだよ」


私は運ばれてきたハンバーグを頬張りながら、一人さんの話を夢中で聞いていた。

「それで一人さん……、信長のお城は、からっぽになっちゃって、困らなかったんですか?」。思わずそう尋ねると、一人さんは続けた。

「そうだよね、みっちゃん。信長の城には女子供しか残っていなかったんだ。そこで信長は、斎藤道三に頼んで、道三の兵隊に、自分の国を守ってもらったんだよ。

これって、戦国時代では、異常なことなんだよ。

いくら舅とはいえども、武将は自分の国を、絶対に他の国の武将になんか預けたりしない。だって当時はね、自分のお城を人に預けたら、とられちゃうことの方が多いんだよ。

でも信長は、斎藤道三のことを心から信頼していたから、道三に預けたの。道三も、信長のことを『とんでもない天才だ！』って認めていたから、頼まれたら兵隊だって貸し出したし、自分にできることは何だってしてたんだよ。

なぜなら、信長って、斎藤道三に最初に逢ったときに、ものすごい〝押し出し〟をしたんだ。それが効いちゃってね、道山はいっきにノックアウトされたんだよ」

へえ、信長はいったいどんな〝押し出し〟をしたんだろう？

私はすっかり一人さんの話に惹きこまれていた。

若いころの信長も、懸命に〝押し出し〟をしたのかと思うと、いまの自分と状況がかぶって、信長のことが、なんだかすごく身近に感じた。
私は、ワクワクしながら、話の続きに耳を傾けた。

一人さんの幸せを呼ぶ〝押し出し〟ノート

10 織田信長も、最初のうちは兵隊を借りていた

「ボロ着」から、「正装」に早変わり 信長の〝押し出し〟に道三は驚いた！

食後のコーヒーを飲みながら、一人さんは続けた。

「斎藤道三ってね、『まむしの道三』って言われたくらい、侵略家なんだよ。だから、最初は信長の国を自分のものにしてやろうと思って、信長に近づいていったんだよ。

信長って、おもしろい男で、足のひざが出そうな短い服を着て、腰のあたりに鉄砲の弾とかいくつもぶるさげたりして、へんてこりんな格好をしていたんだよね。

だからみんなが『信長って、頭がおかしいんだ』とか、『完全にイカレちゃってる……』とか、陰で言ってたの。

道三は、その噂を聞いていたから、尾張の国は、信長の代になったらすぐとれちゃうと思って、それを狙って娘を嫁にやったんだよ。

ちなみに、当時の殿さま同士って、実際に会ったことがないんだよね。

だって、当時はよその国なんて、めったに行かないからね。

でも、いざ娘を嫁にやるとなって、自分は舅になるんだから、一度ぐらいは信長と逢っておこうと道三は思ったんだよね。

それで、道三と信長が初めて会うことになったの。

婿である信長が、尾張の国から、美濃の国へと行ったわけ。

そのちょうど国境のところで、道三は信長に内緒で、こっそりボロ屋みたいなところに隠れて、信長の様子を見ていたんだよ。

そしたら、なんと信長は、馬の背に後ろ向きにまたがって、ぼさぼさのポニーテールみたいな髪型して、おまけに手に柿持って食いながらやって来たんだよ。

道三は、その信長の姿を見て、『コイツは聞きしに勝るバカだ……』って思ったの。

当時は殿さま同士が会うときって、烏帽子《えぼし》っていうのをつけて、正装して逢うのが礼儀だったんだよな。

ところが道三は、信長がバカみたいな格好して来たんだから、自分も正装してもしょうがないと思って、普段のラフな格好で信長を迎えたんだよ。

そうしたら、なんと信長は、ものすごく豪華な烏帽子をつけて、立派な正装に着替えて出てきたの。

その姿で、『織田かずさのすけ信長です』って言って、深々と礼をしたんだよ。

しばらく沈黙していた後、なんと信長は『さきほどは国境まで、お迎えいただきまして、ありがとうございます』って深々と頭を下げたんだよ。

信長は、道三が国境でボロ屋からのぞいてたのを、ちゃんと知っていたたんだよね。

そのとき、道三はわかったんだよ。

『こいつ、バカじゃなくて、とんでもない天才なんだ』って。

天才って、天才がわかるんだよ。

道三も天才だったから、信長の天才ぶりがわかったんだよ。

信長は、わざとバカみたいな格好してきて、いざ道三に会うとなったら、ものすごい豪華な正装に着替えて出てきた。

これって、すごい驚きがあるよね。『いい驚き』なんだよ。

それで道三は、一発で信長のファンになっちゃったんだよ」

そう言うと、一人さんはおいしそうにコーヒーを飲みほした。

私は「……すごい話ですね、一人さん」とためいきまじりに言った。

やっぱり、信長ともなると〝押し出し〟の作戦も画期的なんだ。

豪華な衣装を着て、堂々と道三の前に出てきた信長の様子を、私は頭の中にありありと思い描いていた。

一人さんは話を続けた。

「やっぱりね、最初から正式な格好して来て、正式な格好で出てきたんだったら、それって普通だよね。驚きがない。それを信長は狙ったんだよね。そのぐらい天才的なことをサラッとできる信長だから、戦でもさぞ天才的な作戦を考えてくるだろう……って、道三は思ったんだよね。

それからは、道三は信長のことを『すごい男だ！』と認めていたから、信長が頼めば、兵隊でもなんでも貸してくれたんだよ。

わかるかい、みっちゃん。信長だって、押し出すときには、押し出したんだよ。

それも、ホントにガキみたいな格好で来て、バカだって思わせといて、ぴしっと正式な格好に着替えて出てくる。

そういうことがスカッとできること自体が、天才だよね」

「むちゃむちゃいい話ですね、一人さん!」。私は、一本の映画を見た後のように……、いいえ、それ以上に深い感動に包まれていた。

一人さんは話がうまい。まるで、戦国武将たちの息遣いが聞こえてくるように、臨場感たっぷりに話をしてくれる。

だから、私のように歴史にうとい人間も、思わず惹き込まれてしまうのだ。

この信長と道三のエピソードを聞いて、「初対面で押し出すことは大事だ!」という思いが、私の中でさらに深まった。

11 信長の〝押し出し〟作戦で、道三は信長のファンになった

昔の殿さまは、命がけで〝押し出し〟をした

レストランを出ると、一人さんは、「みっちゃん、ちょっとそこらへんをドライブしようか」と誘ってくれた。

私は一人さんの愛車である、ハイブリッドのワンボックスカーに乗せてもらった。車に乗りながら、「今日はまだレクチャーを続けてくれるんだな。いったい、どんな話が聞けるんだろう？」とワクワクした。

一人さんはよくドライブ中に、仕事の大切なコツを教えてくれたり、人生が開けるヒントを話してくれる。

こういう話は、会社の打ち合わせスペースで聞くよりも、のどかな田舎道の景色を見ながらのほうが、ずっと心が朗らかになって聞ける。

田んぼのあぜ道を走りながら、九十九里の海をながめながら……。車に揺られて、心地いい景色を見ながら一人さんの話を聞いていると、ひとつひとつの話が心に染み入ってきて、たまらないワクワク感が広がっていくのだ。

一人さんは運転しながら、話を始めた。

「いま不況だ、不況だって言ってるけど……、この世の中って、すごく豊かなんだよ。例えば、金は毎年、二千トン以上も採れるんだよね。だとすると、その〝金〟は、なくなっていないんだよ。世界の金は増え続けているんだよな」

私たちの車の後ろから、ビュンビュンとばしているトラックがきた。一人さんは自分の車をバス路線にさっと移動させ、トラックを先に行かせてあげる。

一人さんはいつもこうだ。「トラックは急ぎの仕事でモノを運んでいることが多いから、先に行かせてあげるんだよ」と言って、スマートに車をどけて、道を譲ってあげる。だから一人さんの運転はゆったりしていて、最高に安全運転だ。そんなゆったりした運転の中で、一人さんのレクチャーを受けるひとときが、私はたまらなく好きなのだ。

一人さんは話を続けた。

「それから、日本の貿易黒字が続いているっていうことは、バブルのときより、金があるっていうことなんだよな。

だから、不況だ、不況だ……って言っているけど、お金はあるんだよ。

そのお金を回すのが、オレたち実業家の仕事なんだよ。

わかるかい、みっちゃん。

でも、うまく回せないっていうのは、みんな〝押し出す気〟がないんだよな。もっと上を目指して工夫しようっていう気持ちがないし、目立ったことをしてやろうっていう気もない。〝出る杭は打たれる〟って思ってて、目立たないように、さしさわりがないようにしてればいいと思ってる。

要は〝押し出し〟なんかしちゃいけないって、思っているんだよな」


一人さんはちょっと遠い目をして、こんな話を始めた。

「例えば、昔の殿さまはさ、オレたちよりずっと〝押し出し〟の大切さを知っていて、命がけで〝押し出し〟をしていたんだよな。

殿さまって、どこかに行くときは、必ず駕籠に乗って、たくさんの家来を引き連れて街を練り歩いていったよね。『大名行列』って言って、あの行列がくると、庶民は羨望のまなざしを向けたんだよ。

でもね、本当はアレって、殿さまにとったら、つらいのかもしれない。だって、ずーっと座ってなきゃいけないし、ずっと揺れてるから車酔いみたいになっちゃうかもしれないだろう（笑）

本当は殿さまは『オレも歩いていきたいなあ』と思っていたかもしれない。でも、やっぱり殿さまは駕籠に乗らなきゃいけないし、何人もの家来をひき連れていかなきゃいけないんだよ。

そういう姿を庶民に見せるから、庶民は『お殿さまってすごいんだなあ』と思うし、自分の国のお殿さまを誇りに思うんだよね。

それを動きやすい方がいいからって、お殿さまが足軽の格好をして、テクテク歩いて行ったらダメなんだよ。

仰々しく派手な演出をして、庶民を圧倒させたり、庶民に夢を与えるのも、お殿さまの仕事なんだよね」

「……なるほど、一人さん、大名行列って〝押し出し〟のためだったんですね」。私は時代劇などで見る大名行列に、そんな深い理由があったのかと初めて知った。

一人さんは話を続けた。

「お殿さまと同じで、いまの時代でいうと、会社の社長とか、実業家とかは、華やかで目立つ格好をしているのが仕事なんだよ。

動きやすいからって、事務員と同じように作業着を着ていたり、地味な格好をしているのはダメなの。日本人って、えらくなっても地味でいることが謙虚でいいことみたいに思っているけれど、それは違う。社長だったら〝押し出し〟を効かせることのほうが、社員のやる気を引き出したり、若者に夢を与えることができるんだよ」

車をいったんパーキングエリアにとめて、私はずっと話続けてくれている一人さんに、缶コーヒーを買いにいった。

一人さんのすごいところは、車を運転しながら、そして私一人だけにするレクチャーなのに、話がものすごく整理されていて、まるで映画でも見ているかのようにストーリーやオチがまとまっていること。

話はすべてアドリブで、私が何か質問すれば、瞬間的に答えが返ってくる。

その話は、ものすごく、わかりやすくて、おもしろい。

そして、話がつきることがない。

話している言葉をそのままテープ起こしするだけで、みごとに一冊の本になってしまう。

おそらく、日本中でこんな話し方ができる人は、一人さん一人だろう。

お世辞ではなく、一人さんは天才だと、私は話を聞きながら改めて思った。

一人さんの幸せを呼ぶ〝押し出し〟ノート

12

殿さまだったら、駕籠に乗って、家来を引き連れていく
それが人々に、自分の国に対する誇りを持たせることになる

第三章

「押し出しておいて、
やさしい人」
にみんなが惚れる!

成功するものには「いい驚き」がある

数日後、一人さんから連絡が入った。

「みっちゃん、〝押し出し〟の話なんだけど……。もうちょっとレクチャーしたいんだけど、みっちゃんの都合はどうだい？」

「うわあ、一人さん、いいんですか？」。私は飛び上って、喜んだ。


待ち合わせの時間、一人さんは愛車のワンボックスカーでやってきた。

「今日はちょっとドライブをして、その後、一人さんファンの集まるお店に一緒に行こうよ。この〝押し出し〟の話って、みんなにとっても、ものすごく大事なことだから、今日来ているお客さんにも話をしてあげよう」

私はパアーッと嬉しくなった。今日、「一人さんファンの集まるお店」に来た人は、ものすごくラッキーだ。

ちなみに「一人さんファンの集まるお店」というのは、東京都・江戸川区・新小岩にある（この本の巻末に、詳しいアクセス方法が出ているので、行ってみたい人は参考にしてくださいね）。

全国から、一人さんファンが集まって、一人さんの話をしたり、CDを聞いたりして、楽しいひとときを過ごす場所だ。

この「ファンの店」に、時間があると、一人さんはふらりと顔を出す。

そして、自分がいま一番大切に思っていることなどを即興で話したり、お客さんから質問を受けたりする。

ラッキーにも、一人さんから直接、話が聞けた人は、それはそれはツイているし、それはそれは嬉しそうだ。

この「一人さんファンの集まるお店」は、みっちゃん先生隊の担当なので、私もお店でお客さんが大喜びしている様子を見ていると、なんともうれしくなる。

ワンボックスカーに乗り込むと、一人さんはさっそく話を始めた。

「みっちゃん、オレはさあ、こうして普段はワンボックスに乗っかっているよね。でもさ、実はロールスロイスとかジャガーとか、ひととおりの外車は持っているんだよ」

「はい、そうですよね！　一人さんの駐車場に、ステキな車がズラ～っと並んでいますよね」

私は前に見せてもらったことのある、一人さんの駐車場を思い浮かべた。

ここには、一人さんの愛車がたくさん眠っている。ミンクブルーのロールスロイス、まっしろなジャガー、ベンツ、ベントレ、ポルシェなど、男の人だったら、一度は憧れるような外車がズラーッとそろっているのだ。

「オレは普段はワンボックスカーに乗ってても、一流ホテルでパーティがあるときは、外車に乗っかっていくんだよ。

なぜかっていうと、いざとなったら、押し出す必要があるんだよな。

パーティには、全国からみんなが、一人さんに逢いたいって、集まってきてくれてるんだよね。

そういうときは、オレは、かっこいい入り方をするのが礼儀なの。

ロールスロイスでさーっとホテルの会場に入っていくと、待っているみんなが興奮して、ものすごく喜んでくれるんだよね。

『やっぱり一人さんはカッコ良かった』『逢えてよかった』っていう、みんなの夢を壊さないでいられるの。

そういうのも、オレ、大事な仕事だと思っているんだよね。

だから、駐車場で眠っている外車も、オレにとっては、〝押し出し〟の道具なんだよ」

車が有料道路の料金所にさしかかった。

そこに立っている年配の男性に、いつも一人さんは丁寧にあいさつをする。

「どうも、ごくろうさまです」。男性も、一人さんのことをすっかり覚えていて、「お客さんのこと、覚えていますよ。すごく丁寧な方だから」とか、「お気をつけて、よい旅を」とか、声をかけてくれるのだ。

一人さんは流れ作業をしている人や、目立たない仕事をしている人には、特に丁寧に声をかけている。

私もマネしてみるんだけど、相手の人は、ものすごく感激して、喜んでくれる。

単純なことだけど、流れ作業の人に「丁寧に声をかける」ということをしている人は、恐ろしいぐらい少ないのが現状だ。

この料金所のオジさんも、まさかこの男性が、日本一の大実業家だということは、まったく気付いていないだろう。

料金所でお金を払うと、一人さんは再び話を始めた。

「世間では〝押し出し〟があるヤツって、必ずいばるって決まっているんだよな。

例えば、ああいう料金所のオジさんに、高級車に乗っている人ほど、投げるようにお金を渡したり、無言でプイと横を向いてお金を払ったりする人が多いんだよ。

それで〝押し出し〟をしていない人ほど、いばらないで、丁寧に接する。

これが、いままでの世間の決まりだったんだよな。

だから、みっちゃんは、この決まりを良い方に崩すの。

ここに〝驚き〟を入れるんだよ」

えっ……、一人さんはまた何を言いたいんだろう。

〝驚き〟って何のこと？　決まりを崩すって何？

私はさっぱり意味がわからず、ちょっと頭がクラクラしてきた。

一人さんはかまわず話を続けた。

「あのね、みっちゃん。

有名になるものってね、必ず〝驚き〟があるんだよ。

例えば、仙台の定義山《じょうげさん》っているところで名物になっている『あぶらあげ』があるんだよね。

この『あぶらあげ』って、ものすごく分厚いんだよ。

こんなに厚くて、厚揚げかと思うくらい」

一人さんは自分の人差指と親指を三センチくらい広げて、私に見せた。

ふーん、そんなに厚い「あぶらあげ」があるのか……、だけどこれっていったい何の話なんだろう？

私にはまだ話の全貌がまったくつかめなかった。

一人さんは続けた。

「この『あぶらあげ』を最初に食べた人は、すごく驚くんだよね。

そう、〝いい驚き〟があるの。

だから、この『あぶらあげ』って、全国的にあっというまに有名になったんだよ。

何が言いたいのかっていうとね……。

押し出しがあるヤツって、必ずいばるだろう?

でも、みっちゃんはこれから、押し出しといて、人にはうんとやさしいの。

そうすると、人は驚くんだよ。

驚いて、イチコロでまいっちゃうんだよね。

『みっちゃんって、かっこよくって成功していて、その上、なんていい人なんだろう』って。

オレが言いたいこと、わかるかい?」

私は膝を打って、大きな声をあげてしまった。

「ああ、そういうことなんですね！」。

一人さんの言いたいことが、ようやく私にもわかった。

でも、「押し出しておいて、いばる人」では、そんじょそこらにいっぱいいる。

「押し出しているのに、どんな人にも限りなくやさしい人」は、見たことがない。

そう、目の前の一人をのぞいて……。まさに一人さんのことだ。

「ああ……、私、一人さんのおっしゃりたいことが、だんだんわかってきました。

『押し出しているのに、限りなくやさしい人』は、めったにいないから、そういう人が出てきたら、人は驚いて、感激して、そういう人のことをうんと応援する。

そうなったとき、あっというまに成功できちゃうということですね」

私はいっきにまくしたてた。

一人さんは顔をほころばせて、「そうそう、そういうことが言いたかったんだよ」となんとも嬉しそうに笑った。

この車の中の短時間のレクチャーで、私はこれから目標とすべき人物像が見えてきた。

「押し出しておいて、限りなくやさしい人」

まさに、一人さんのような人を目指すということだ。

13

「〝押し出し〟があって、やさしい人」に、人はイチコロで参ってしまう

「怒られたい人」はまれにいるけれど「いばられたい人」はいない

一人さんの車は千葉の九十九里付近を走り、Uターンして、新小岩に向かった。これから、新小岩の「ひとりさんファンの集まるお店」に行くのだ。

その途中でも、一人さんのレクチャーは続いた。

「ねえ、みっちゃん、この世の中に、『押し出しといて、いばるヤツ』っていうのはざらにいるんだよ。だけど、『押し出しといて、やさしい』っていう人はめったにいないよね。この落差が、ものすごく魅力的なんだよ」

「そうですね、一人さん」私はいままで出逢ってきた人たちを、走馬灯のように次々と思い浮かべた。

確かに、大きな会社の社長だったり、有名な作家さんだったり、講演家などの職業を持つ人で、〝押し出し〟の効いた人が何人かいて、その人たちからは強くて華やかな「風格」や「オーラ」が漂っていた。

そういう人たちの多くは、お客さんやファンの前では、親切でやさしい。

でもザンネンなことに、いったん楽屋や舞台裏に戻ると、スタッフにいばったり、秘書のことを怒鳴りつけていたりする人もいる。

私の知っている限り、いつどんなときでも、誰に対しても、限りなくやさしくて丁寧なのは、一人さんだけだ。

しかも一人さんは、〝押し出し〟がものすごい。

普段は、ポロシャツでワンボックスに乗っかっているけれど、いざパーティとなると、アルマーニのスーツにボルサルリーノの帽子、すばらしい高級車ででさっそうと登場する。

それでいて、パーティ会場のスタッフ全員に、深々と頭を下げたりするのだから、そのギャップに皆やられてしまう。

一人さんに会った人は、皆一発で、一人さんの大ファンになってしまう。人々が、一人さんに惹かれてやまない理由が、私はやっと言葉にして説明できるような気がした。

車は「一人さんファンの集まるお店」のすぐ近くまでついた。一人さんは駐車場に車をとめ、顔なじみの商店街の人に声をかけながら、楽しそうに店まで歩いている。

その短い間、再び話を始めた。

「みっちゃん、いいかい？　この世で一番バカなヤツっていうのは、いばるヤツなんだよ。

なんでかっていうとね、怒るヤツっているだろう？

でも、中にはまれに『ボク、叱られたいんです』っていう人もいるんだよ。

でも、『いばってほしい』っていう人だけはいないんだよ。

それでな、怒るヤツは、年々歳をとるにつれて、丸くなるヤツっているんだよ。

でも、いばっているヤツで治るヤツって、めったにいない。

なぜかっていうと、怒るヤツっていうのは、愛があるんだよ。

親が子どもを一生懸命怒るのは、子どもが可愛いからなんだよ。

だから、怒るヤツには、多少でも愛がある。

でも、いばるヤツには愛がないんだよ」

「わかります、一人さん」。私は答えた。「いばっている人って、正論を言っているように見えても、『これって、どこかおかしいな』ってわかりますよね。それって、愛がないんですね」

「そう、愛がないんだよ。劣等感があったり、自分が満たされていないから、人からエネルギーを奪おうとして、いばるんだよな」

「ああ、なるほど、そうなんですね！」私は深く納得した。そうか、自分が満たされていないから、いばるんだ。

一人さんがいつも「まず自分のことを愛するんだよ。自分のことを、すごいねってほめてあげるんだよ」って言っている意味は、ここにあったんだ。

一人さんの言うことには、必ず深い意味がある。いろいろなことを教わっていくうちに、それがどんどんパズルのようにはまっていく。

一人さんの教えは、すべてが矛盾なく、つながっているのだ。

日本一の大実業家、我らが大師匠、一人さんの教えは、やっぱりとてつもなくすごい。

一人さんの幸せを呼ぶ〝押し出し〟ノート

14 「〝押し出し〟があって、やさしい人」はめったにいない

“押し出し”を始めると、「このままでは終わりたくない」と思い始める

「一人さんファンの集まるお店」に一人さんが入っていくと、お客さんから「きゃあ〜！」とか「やった〜！」とか、ものすごい歓声が沸いた。

一人さんはサプライズで店に来ることが多いので、運よく一人さんに会えた人は、大喜びをするのだ。

一人さんはひとしきり皆に声をかけたり、お店の様子を店長から聞いたりする。

しばらくすると、一人さんは、「よし、そろそろ始めるか」とパンと膝を打つと、店のテーブルに置かれているホットプレートの前に立った。

これから一人さんの得意料理、「一人さん焼き」が始まるのだ。

この「ファンの会」では、三〇〇円払うと、一人さんの料理が好きなだけ食べられる（お酒を飲む人は四〇〇〇円）。みんなでホットプレートを囲み、一人さんの作ってくれる料理を食べながら、一人さんの話を聞く時間は格別に楽しい。

この「ファンの会」では、調理や買い物や洗い物などを手伝ってくれているお客さんがいる。

通称「キッチン隊」といって、なおちゃん（真塩尚美さん）、まりちゃん（小谷まりこさん）、くみちゃん（永井久美子さん）、ボンサン（生井祥子さん）、ゆうこちゃん（大河原優子さん）、じゅんこさん（笹純子さん）、うっちゃん（打矢清美さん）の七名だ。

このキッチン隊がすごいのは、なんと自分たちの料理代の三〇〇円を払いつつ、調理場の作業を快く手伝ってくれていることだ。

皆、一人さんが大好きで、一人さんの教えによって人生が好転してきたので、「何か恩返しがしたい」と申し出てくれた。

地方の特約店さんが団体で「ファンの会」に遊びにくるときは、皆で声をかけあって来てくれて、お客さんと触れ合うことを楽しみながら手伝ってくれる。

また、弟子仲間である社長たちが「ファンの会」に来た時は、一万円札をカンパしてくれたりする。

このように、愛のある多くの方に支えられて、「一人さんファンの集まるお店」が成り立っていることを思うと、私はいつも感謝の気持ちでいっぱいになるのだ。

「キッチン隊」のなおちゃんが、「一人さん、今日は何から始めますか？」と、ひと口大にカットしたジャガイモやナス、玉ねぎなどを一人さんに見せた。

「よし、今日は、まず、ジャガイモだな」一人さんは嬉しそうに言うと、自らトングを手にとった。そしてホットプレートに太白ごま油をたっぷり流し込み、そこにジャガイモをきれいに並べていく。

「じゃがいもって、皮がおいしいんだよ。だから、皮はむかないで、皮付きのまま蒸し焼きにするんだよ。ジャガイモに熱が通ったら、チーズと塩をかけて、さらに少し焼いてね。チーズがちょっと焦げてカリカリのところを食べると、うまいんだよ」

一人さんはホットプレートをのぞきこむように見ているお客さんたちに、ジャガイモの焼き方を丁寧に説明する。

私は、そんな一人さんの姿を見て、しみじみ思う。

「一人さんって、日本一の大富豪なのに、ホントにちっとも気取らないなあ」

一人さんほどの大富豪ともなれば、毎晩、銀座の高級クラブにくり出すことも、一流の寿司屋のカウンターに座って、好きなだけ好みのネタを握ってもらうことも、難なくできるはずだ。

それなのに、一人さんは「ファンの店」にいるほうがずっと楽しいと言う。こうやって自分で野菜を焼いてふるまい、皆が頬張る姿を見て、一人さんはたまらなく嬉しそうな顔をする。一人さんは根っから、人を喜ばせることが好きなのだ。

ジャガイモを焼いている間、一人さんは話を始めた。

「人って〝押し出し〟を始めるとね、だんだんと『このままでは終わりたくない』っていう気持ちが、ムクムクと出てくるんだよ。

これが〝野心〟っていうものなんだよ。

いいかい？　世の中では、夢を心で思っても叶わない人がほとんどなんだよな。なぜかっていうと、行動しない人にとっては、夢は見ていたり、語っていたりすればいいものなんだよ」

一人さんはホットプレートのふたを開け、ジャガイモの上にチーズと塩をたっぷりふりかけ、再び話を始めた。

「〝野心〟というのは、その夢を実際に手にいれるために、努力するってことなんだよな。

そういう人のことを、世間では〝野心家〟って言うよね。

でも〝野心家〟って言われてる本人は、自分のこと、〝野心家〟だって思っていないんだよ。『自分はあたりまえのことをしてる』って思っているんだよな」

一人さんはホットプレートの様子を確かめた。「よーし、ジャガイモできたぞ。食べな」と皆に声をかける。

皆は「わーい！」「やったー！」と喜んで、ホットプレートに箸をのばす。

ちなみに、ホットプレートに箸を伸ばすときは、箸はひっくり返さずに「直箸で食べる」という決まりがある。

「みんな、家族なんだから、箸なんてひっくり返さなくていいんだよ。箸をひっくり返さなきゃいけないのは、仲間じゃない人だけ。死ぬときは皆一緒なんだから、自分だけ助かろうとしちゃいけないよ（笑）」

そんなふうに冗談めかして言って、一人さんが決めたルールだ。

だから私たちは、お客さんもスタッフも、直箸を遠慮なく伸ばして食べる。

焼きたてのアツアツのじゃがいもに、チーズがとろりとからみついて、たまらないおいしさだ。

「おいしい！」「うまい！」と喜んでいる皆の顔を見て、一人さんは「なあ、うまいだろう？」と相好をくずす。

そして、「おーい、ドンペリ持ってきて！」と台所の人に声をかけた。

ちなみに「ドンペリ」というのは、ノンアルコールビールのこと。一人さんのジョークで、ノンアルコールビールを皆で「ドンペリ」と呼び、ゴージャスな気分を味わおうという言葉遊びだ。

一人さんは、トングを置いて、マイクを手にし、再び話を始めようとしている。今日は、まだまだレクチャーを続けてくれるんだ。

「どんな話が続くんだろう？」。私はアツアツのジャガイモを頬張りながら、ワクワクして耳を傾けた。

一人さんの幸せを呼ぶ〝押し出し〟ノート

15 〝野心〟というのは、夢を実際に手に入れるために努力すること

松田聖子さんは〝野心家〟か？

一人さんはマイクを手にとって話をはじめた。

「この前、テレビを見ていたら、『女性で一番、野心家は誰ですか？』っていうアンケートをとっていたんだよね。そしたら、ほとんどの人が『松田聖子さんです』って答えていたんだよ。

だけどオレが思うに、松田聖子ちゃんって、いくつになってもキレイでいたいんだよな。いつまでも若く見られたいんだよ。

五〇代でも、三〇代に見られたいから、聖子ちゃんはものすごく努力しているんだよ」

一人さんの口から、いきなり松田聖子ちゃんの話が出たので驚いた。私はテレビで見る聖子ちゃんを思い浮かべた。確かに聖子ちゃんは驚異的に若くて可愛い。あのスタイルを維持するために、運動だってしているだろう。顔の筋肉を衰えさせないためにも、表情筋を鍛えたりもしているんだろう。

一人さんは話を続けた。

「聖子ちゃんみたいに、『いつまでもキレイでいたい！』っていう目標に向かって努力する人を、世間では『野心家だ』って言うんだよ。

でも、聖子ちゃんは自分の夢に向かって、行動しているんだよね。

『いつまでもキレイでいたいわね』って言いながら、何もしていない人は、ただ夢見てるだけなんだよね。

あのね、この世は戦場《いくさば》なんだよ。

自分の目標に向かって、行動して、夢を実際に叶えようとする人にとっては、日々、戦いなんだよ。

芸能人だったら、『いつまでも若く、キレイでいたい』って思って、それに向かって行動することが仕事なんだよ。

戦国武将だったら、天下統一することが仕事なんだよ。

それをやらないヤツのほうが、おかしいんだよ」


そこで一人さんはいったん話を切って、皆のほうを向いて、こう言った。

「いいかい？　夢に対して実際に行動する人間を〝野心家〟って言うんだよ。

だから野心は持った方がいいんだよ。押し出し持って、野心持って行動すると、この世の中がおもしろくてしょうがなくなるからな。

人生、おもしろくもないヤツは、押し出されているんだよ。

ただ、叶いもしない夢を見ているんだよ。

『夢なんか、叶うものじゃない……』って言いながら、人生あきらめていくんだよ。

わかるかい？　押し出すの。それから野心持って、毎日、少しずつでも努力していくんだよ」

「……」あまりの一人さんの迫力に、店内は一瞬、しずまりかえった。

でも次の瞬間、「一人さん、オレやります！」「私も、今日から野心持ちます！」とお客さんから、次々と声が上がった。

一人さんの話は、人の心を動かす。一人さんの話をほんの三分聞いただけで、「よおし、やるぞお！」というような思いがつきあげてくる。

私の心も、熱く煮えたぎっていた。

「自分の夢に向かって、実際に行動する人を、〝野心家〟という」

一人さんのこの言葉に超納得した。

いままで〝野心家〟というと、なんかギラギラして、心にたくらみをもっていて、損得勘定で行動するような人だと思っていた。

でも、真の〝野心家〟は、行動的で、あきらめない人。
人が何を言おうとも、自分の人生を思う存分生きる人。
私も、目標に向かって、常に努力していく〝野心家〟でありたい。
私はまた、心のねじをしっかりと締めなおした。

一人さんの幸せを呼ぶ〝押し出し〟ノート

16

芸能人はいつまでも若くいるのが仕事、戦国武将は天下統一するのが仕事

「押し出しちゃいけない」と言っている人も、成功していない

一人さんは再びホットプレートの前に立つと、こう言った。

「よーし、今日は〝リッチ焼き〟をやるぞ！」

お客さんから、「やった〜！」といっせいに喜びの声が上がる。

〝リッチ焼き〟というのは、一人さん特性の「お好み焼き」のような料理だ。

ちなみにこの料理の名も、一人さん独特のジョークからつけられた。

〝リッチ焼き〟の他にも、「ファンの会」では、プラスチックのお皿のことを「プラチナの皿」と言ったり、紅ショウガのことを「赤いキャビア」と言ったりする。

一人さんがそう言うたびに、お客さんは大爆笑。常連さんになると、一人

さんが「プラチナの皿持ってきて！」とか、「赤いキャビアちょうだい」と言ったとたんに、プラスチックの皿をとってきたり、紅ショウガをさっと渡せるようになる。一人さんとお客さんの間で、そんなゲームのようなジョークが飛び交うのも、「ファンの会」ならではのお楽しみである。

一人さんは手際よく〝リッチ焼き〟を作り始めた。〝リッチ焼き〟の具は、なんとキャベツと紅ショウガだけ。それを、多めの水でゆるく溶いた小麦粉に混ぜる。太白ごま油をたっぷりひいたホットプレートにタネを流しいれ、こんがりと焦げ目がつくまで焼いていく。

このとき、一人さんはいつも「タネに、ダシは入れちゃダメだよ」と言う。

「〝リッチ焼き〟のおいしさのポイントは、シンプルで味がきれいなこと。タネは、水と小麦粉だけで作った方が絶対にうまいんだ」

私はこれを最初に聞いたとき、「え〜、そうかなあ？」と密かに思った。

だって、具材はキャベツと紅ショウガだけ。肉もイカも入っていないお好み焼きなんて……。せめてカツオダシでも入れた方が、おいしくなりそうなものだ。

でも、焼き上がった〝リッチ焼き〟を食べてみて、びっくりした。カリッと焼いた生地が香ばしくて、キャベツの甘みとさっぱりした紅ショウガが効いていて、何枚でも食べられる。私がいままで食べたお好み焼きの中で、いちばんおいしい。やっぱり、一人さんはおいしいものをよく知っている。

一人さんは「これとこれをかけあわせたら、絶対においしくなる」ということが本能的にわかるそうだ。そしていつもこう言う。

「料理っていうのは、シンプルに調理した方が絶対にうまいんだよ。キャベツにはキャベツの、紅ショウガには紅ショウガの〝うまみ〟っていうのがあるんだよな。それが神さまが作ってくれた、『神の味』なんだ。それぞれの個性を生かして料理していくと、すっごくおいしいものができる。だから〝リッチ焼き〟には、むやみにダシなんて入れちゃダメ。水と小麦粉だけがいいんだよ」

一人さんの話は、雑談ですら、間の取り方、ユーモアセンス、ジョーク、どれをとっても楽しくて、ためになる。

一人さんは再びマイクをとり、「ファンの会」の店長のかんちゃん（神農進さん）の方を向いて、こう言った。

「いいかい、かんちゃんは塾長（店長のこと）だから、みんなを幸せにしていく先生なんだよな。

その塾長が押し出されているようだったら、塾生も押し出されちゃうんだよ。

塾長とか、先生とか、人を引っ張っていく立場の人は、意識して〝押し出し〟しなきゃダメなんだよ。

指輪つけたり、ヴィトンのバックを持ったり、ローレックスの腕時計したりね。

それで貯金ができたら、赤いベンツでも買って、さっとお店まで乗り付けていく。

そうすると、それを見たお客さんが、『こんなすごい人から買うんだ！』って、びっくりして感激するよね。

わかるかい？　お客さんが一歩下がるくらい、押し出すんだよ。

そうやって〝押し出し〟をしながら、お客さんには、とことん丁寧にやさしくする。そのギャップで、お客さんが惚れ惚れするんだよ」

かんちゃんは力強く、「はい、一人さん！　ボク、押し出します！」と答えた。一人さんは話を続けた。

「みんなもね、相手に押し出されちゃダメだぞ。

オレがなんでこんなことを何度も言うかっていうと、みんなは『押し出しちゃいけない』って育てられているんだよな。

『目立っちゃいけない』とか、『派手にしちゃいけない』とか、『高そうなものをつけてたら、成金みたいで品が悪い』とか、そういうふうに言われてきただろう?

だけど、そう言っている人も、成功していないんだよな。

言っていることが正しかったら、その人は成功しているはずだよな。

言っていることが正しくないから、成功していないんだよ」

「あ……」私は一人さんの言葉を聞いて、長年の疑問が解けたような気がした。

実は私の母も、「あんた、目立ちすぎる服装はよしなさいよ」とか、「清楚で品のいい格好をしているのが一番なのよ」とか、ずっとそう言われてきた。

でも、母には悪いけれど……、そういう母は、何か事業で成功をなしとげたわけではない。

母に、その考えを教えこんだおばあちゃんだって、成功しているわけではない。

一見、とっぴょうしもないようなことを言っているように見える一人さんは、事実、ぶっちぎりで生涯納税額日本一の大富豪なのだ。

一人さんの言うことは、まったく常識とは違ったところにあるから、最初は驚くようなことばかりだ。

でも、私は、子どものころから一人さんを信じていた。

そして一人さんの言うことを実際にやってみたら、あれよあれよというまに、「成功者」と呼ばれる立場になっていく自分がいる。

「ひょっとして、いま世間一般で言われている常識と、『真の幸せになる方法』は、まったく別のものなのかもしれない」私は密かにうなずいた。

一人さんの言うことが、世間一般の常識からずれていようと、普通の人からすると過激なことであろうと、私の心は決まっている。

一人さんを信じて、何があっても最後までついていく。

ひとつ確実に言えることは、一人さんの教えがなかったら、私は今よりずっと不幸の道を歩いていた……ということだ。

ニコニコしながら〝リッチ焼き〟をみんなにすすめている、日本一の大実業家を見ながら、私はそんなことを考えていた。

一人さんの幸せを呼ぶ〝押し出し〟ノート

17 人を引っ張っていく立場の人は意識して〝押し出し〟しなきゃダメなんだよ

第四章

勝ちを取りに行く道の先に、成功が待っている！

一人さんの場合は「斎藤一人」という名前が〝押し出し〟になっている！

その日、私は東京・江戸川区の新小岩にある「まるかん」の本社（事務所）で、一人さんと待ち合わせをした。

会社のスタッフ以外の人に、「まるかん」の本社の様子について話すと、たいていの人は驚いた顔をする。

きっと、「生涯納税額日本一の斎藤一人さんのことだから、新小岩の繁華街の目抜き通りにドカンと大きなビルでも建てているのだろう」と想像しているのだろう。

でも、本社があるのは、駅から一〇分ほど歩いた住宅街だ。

大きな看板も何もない。

どこにでもある普通の建物のドアに「銀座まるかん」のロゴが出ていて、中では五人のスタッフが、かいがいしく働いている。

初めて本社にくる人は、気が付かずに通り過ぎてしまうことがほとんどだ。

「生涯納税額日本一の大実業家」と、「こじんまりした事務所」。

このことが、初めての人には、ものすごいギャップに感じるらしい。

ちなみに、本社で働いているスタッフさんは、みんな創業当時からのメンバーだ。パートさんも、誰一人としてやめずに何十年も通い続けている。

一人さんが事務所を下町の江戸川区から動かさないのは、このパートさんたちのためだ。

「銀座かどこかに本社を移したら、パートさんたちが通うのに大変だから移さない」一人さんはあたりまえのように言う。

本社の横には、「ゲストルーム」と呼ばれる部屋がある。出版社の人と打ち合わせをしたり、スタッフが集まって会議をする部屋だ。

この「ゲストルーム」だって、初めての人には「ギャップ満載！」のことだろう。だって、社長の打ち合わせ室にあるような革張りのソファも、ガラス張りのテーブルも、額縁に入った絵画も、何もないのだから……。よく地方の公民館などに置いてある折り畳式の長机と、折り畳み式の椅子が並んでいるだけだ。

この素朴な「ゲストルーム」で世間話をしている途中に、一人さんの画期的なアイデアがバンバン降りてくることがある。何百億もの売り上げがでるような仕事の方法が生みだされることもある。そう、ここは「伝説のゲストルーム」なのだ。

ちなみに本社の前にはコンビニがある。一人さんはこのコンビニを「うちの冷蔵庫」と呼ぶ。もちろん、本社に小さな冷蔵庫はあるのだが、お客さんへの飲み物や食べ物は、「うちの冷蔵庫」から、そのつど出してくる。

一人さんはこう言う。

「大きな冷蔵庫を買っても、場所をとるし、みんなが入れたいものが全部しまえるわけじゃないよな。歩いて一〇秒のところにある、コンビニの大きな冷蔵庫に行けば、お茶だって、アイスコーヒーだって、サイダーだってあるよ。それを『うちの冷蔵庫』って呼んでれば、なんか笑えるし、気持ちが豊かになって楽しいよな」

これが、一人さん特有の考え方なのだ。ゲーム感覚で、こういうおもしろい表現を思いついて、人を笑わせたり、喜ばせたりする。

例えば、一人さんと仲間とのドライブ中に、海岸沿いに建っている灯台や、公園を見かけると、一人さんはきまってこう言う。

「あの灯台は、みっちゃんにあげるよ。今日から『みっちゃん灯台』って呼ぼうな！」「あの公園は、はなゑちゃんのものにしよう。『はなちゃん公園』って呼ぼうね」

もちろんこれは一人さんのジョークなんだけど……、「みっちゃん灯台」っていう名前をつけてもらうと、みんながそう呼ぶたびに、本人はすごく嬉しい気持ちになる。こういう言葉遊びをゲーム感覚で楽しんで、みんなで大笑いをするひとときが、私は大好きだ。

一人さんは昔からこうだった。一言、ぽろっと面白いことを言って、みんなを楽しませる天才なのだ。

私は「ゲストルーム」の机の上にお茶を並べて、一人さんを待った。

すると「やあ、みっちゃん、おはよう」と一人さんがニコニコしながら入ってきた。

「よし、今日も〝押し出し〟の続きを話そうね。今日はなんでオレが〝押し出し〟が肝心だって何度も言っているのか、その理由をじっくり話すよ」

「はい、ぜひお願いします！」私はツバをごくんと飲みこんで、レコーダーのスイッチを入れた。

一人さんはさっそく話を始めた。

「なんでオレが『〝押し出し〟って大事だよ……』って言うかっていうとね、この世の中で〝押し出し〟をしないで成功した例って、見たことないんだよ」

「え……、〝押し出し〟をしないで成功した例はない……?」

私は頭の中で、あれこれ思いあぐねた。ええと、〝押し出し〟しないで成功した人っていなかったっけ……。私が無言で考えていると、一人さんが話を始めた。

「みっちゃん、例えばね、〝押し出し〟って、いろんな方法があるんだよ。大きな会社になると、デカいビル建てたりするのも、あれも〝押し出し〟なんだよね。銀座にビル建てるのも、一等地に本社をかまえるのだって、〝押し出し〟なんだよ」

「そうですね、一人さん」ちょっととまどいながらも、私はこう聞いた。

「でも一人さんは、事務所を銀座に移したりするような〝押し出し〟はしていませんね」私は素朴な「ゲストルーム」のあちこちを、改めてきょろきょろ眺めた。

私の答えに、一人さんはにっこり笑った。そしてこう言った。

「うん、オレは別の方法でうんと押し出してるからね。事務所を銀座に移すことは、やらなくてもいいんだよ」

「別の方法で押し出してるって、なんのことですか？」そう聞きながら、私はあっと思った。

「そうか、一人さんの場合は、〝斎藤一人〟っていう名前自体が押し出しなんですよね！」

私はようやく気が付いた。一人さんほど有名な実業家はいない。別に芸能人でもないのに、一人さんのファンの人は全国に何十万人もいる。そして、ここだけの話だけど、芸能界でも、一人さんのファンはたくさんいる。人気のある俳優さんも、タレントさんも、みんな一人さんに会いたがっている。こんなにたくさんの人から熱狂的に愛される実業家って、日本で一人さんぐらいなものだろう。

そうか、一人さんの場合は、もうその名前が〝押し出し〟になっているんだ！

私は限りなくある〝押し出し〟の方法に、ますます興味をひかれていた。

18
〝押し出し〟をしないで、成功した人なんかいない！

芸能界で長く活躍している人は〝押し出し〟の大切さを知っている！

一人さんは、〝押し出し〟の話を続けた。
「とにかく、仕事の世界では、〝押し出し〟がないもので成功した人なんてないんだよ。芸能人だって、すぐ消えちゃう人と、ずっと芸能界に残っている人っているよね。長く成功している人は、〝押し出し〟が違うんだよ。いい意味での〝驚き〟があるんだよな。

昨日もたまたまテレビをつけたら、母と娘で、両方が歌手をやっている人が出てたんだよね。

その母娘って、お母さんの方が世間的にずっと有名なんだよ。母娘で着物着て出てたんだけど、お母さんの方はうんと華やかなピンクの着物を着てる。それで娘さんの方は、ベージュの渋い着物を着てるんだよね。

普通は『ピンクが娘で、ベージュが母親だろう』って思うよな。

でも、そのお母さんのほうは、『芸能界では〝押し出し〟が大事だ』っていうことを知っているんだよ。だから、人の目をひくようなピンクのを選ぶんだよな。

娘さんの方はたぶん、自分で着物を選んだんだよ。普通の娘さんが、自分の趣味で選ぶと、『品が良く見えるもの』とか『渋い色合いで、裾のほうにちょこっと華やかな柄があるもの』とか、そういうものを自分の好みで選んじゃう。だから、〝押し出し〟が弱いんだよ。

本当は、そのお母さんも、娘に教えてあげなきゃいけないんだよな。『あんた、芸能界で成功するためには、〝押し出し〟が大事なんだよ』ってね」

私は一人さんの言いたいことが、なんとなくわかる気がした。

芸能界みたいなところは、はっきり言って〝押し出し〟勝負の世界だ。そういうところでは、もうどうやってかっこよく押し出すかが勝敗を決める。自分の趣味や好みはこっちへ置いておいて、ファンの人が「あっ」と驚くような衣装を選ぶことが仕事になるんだな。

私は〝押し出し〟の奥の深さを、ますます感じていた。

一人さんの幸せを呼ぶ〝押し出し〟ノート

19

押し出すときは、かっこよく押し出す！

江戸時代は「名刀」を持っているだけで〝押し出し〟になった！

一人さんは話を続けた。

「例えばお茶の世界では、〝ワビ〟とか〝サビ〟の精神が大事だって言われているよね。

でも、そういう世界でも、人間国宝の人が作った茶碗を持っていると、それだけで格が上のように見えるんだよ。

だから、どんな世界にも〝押し出し〟ってあるんだよ。

江戸時代の話になるけれど、そのころになると戦国時代と違って、もう武士同士の斬り合いとかはないんだよな。

ところが『名刀虎徹《こてつ》』とかって、いい刀を持っていると、それだけで一目置かれるんだよ。『あの家には、すごい刀がある！』とかね。要するに、刀の名前だけで押し出せるんだよね。

昔から、そうなんだよ。

剣の腕って、なかなか上がらないんだよ。あれって、運動能力とか才能なんだよ。『剣の腕が上がらないヤツは、負けですか？』って言うと、負けじゃないんだよ。

腕がなければ、いい刀持っていくとか。押し出す方法はいくらでもあるから、とにかく勝つんだよ。

それで『侍は腕だ！』とか言ってるヤツには、言わしておけばいいんだよ。

とにかく『負けて帰ってくる』っていうのをやめるの。

そうすると、人生、おもしろくてしょうがなくなるんだよ。

要するに、負けを続けながら成功なんてできないんだよ。

勝ちを続けながら、天下をとるんだよ」

そこで話をいったん切って、一人さんはお茶を静かに飲んだ。私はお茶受けに、商店街の甘味屋で買ってきた、「みつ豆」を出した。一人さんは案外、甘いものが好きなのだ。

一人さんはみつ豆を食べながら、話を続けた。

「勝つっていうのは、ひとつだけでもいいんだよ。一〇〇のうち、九九は負けてもいいから、一つでも相手に勝つんだよ。例えば、このみつ豆を作っている商店街の甘味屋だって、他のお菓子は銀座の高級店に勝てなくても、『うちのみつ豆は、あそこよりうまいんだよ』って言えるものを作れたら、勝ちの人生の始まりなんだよ。

まずは、ひとつでもいいから勝つ。

そして、ひとつ勝てたら、もう一個、もう一個って、勝つことを考える。

それがいいんだよ」

私は一人さんに思わず聞いた。

「一人さん、なんでそんなに勝つことって大事なんですか？」

一人さんはニコッと笑うと、こう答えた。

「だって、みっちゃん、人間は勝つと、おもしろいんだよ。負けりゃあ、誰でも、おもしろくないよ。そういうふうにできているんだよ。それを『そんなことを思っちゃいけない』とか、『競争するなんて、いけないことだ！』とか、ヘンテコリンな理屈を言っているうちに、ずっと負けが続いて、人生が終わるの。それで、おもしろくない人生になっちゃうんだよな」

そうか、勝つことは楽しいんだ。それが人間の本能なんだ。

私は一人さんの言葉で、人間の心の中にある、本当の気持ちに気付いたような気がした。

私は親や教師から「勝ち負けなんてつけるのは、いけないことだ」と教わってきた。

だから「勝つ」という言葉を聞くと、なんだか相手に悪いことをしたみたいで、罪悪感を感じていた。

でも、本当は、人は誰でも勝ちたいんだ。

勝つと、人生がおもしろくなるんだ。

そして、一人さんのように、自分が勝てた方法を、みんなに惜しみなく教えてあげる。

これこそが神さまの望む「競争」の意味なんだ……。

私はようやく、「勝つこと」の本当の意味に、気付いたような気がした。

一人さんの幸せを呼ぶ〝押し出し〟ノート

20 いつも一〇〇負けていた人が、ひとつでも勝てば、勝ちなんだよ

下町の小さな事務所で、スタッフはたった五人だけ一人さんはそれだけで、日本一になった！

一人さんは話を続けた。

「戦《いくさ》とは、自分の強いものを活かして勝つんだよ。

みっちゃんだったら、オレと早く知り合ったことが〝強み〟になるんだよ。

だから、みっちゃんは、他の人が知らないようなオレのエピソードを、惜しみなく皆に教えてあげれば、そのことがみっちゃんの勝ちにつながるんだよ。

みっちゃんの本を読んだ人は、この本を早く読めた人が、強みになるんだよな。

そうやって、自分の有利な点を活かして戦うんだよ。

ところが皆、自分の不利な点ばかりに目を向けて、ごちゃごちゃ言っているんだよね。だから勝てないんだよ。

自分に与えられたものを、『ツイてる!』と思ってぞんぶんに活かすか、『ツイてない……』と思って文句を言うか、そのことで勝ちの人生になるか、負けの人生になるか決まっちゃうんだよ。

だって、与えられる条件って、実はほとんど一緒なんだよ。

世の中の勝負なんて、みんな微差なんだ。

その微差をうんと大事にしていけば、いつのまにか大差になっているんだよ。

ハンドバックだって、似たような形のものを持っていたって、シャネルのマークが一個ついているものを持っていくだけで、与える印象が違うよね。

それで、シャネルのハンドバッグを持ちながら、気さくで丁寧な対応をするから、みんなイチコロで好きになっちゃう。

そこがギャップの魅力なんだよね。

そこが〝押し出し〟のおもしろさなんだよ」

一人さんは一気に熱く語ってから、お茶をおいしそうに飲み干した。

私はこう思った。

「まるかん」の事務所は、下町の新小岩で営業していても、銀座の会社と勝負できるくらい売り上げがある。

創業以来、たった五人のスタッフで戦っていて、納税額日本一の売り上げが出せる。

そんな会社、他にない。そんな会社、日本で唯一だ。

一人さんはそれを、さらっとやりこなしている。

苦労話などはしたことがないし、不機嫌なところも見たこともない。

いつも機嫌がよくてニコニコして、毎日が楽しくてしょうがないようだ。

これが、一人さん流の生き方なんだ。

一人さんは、どこまでいってもかっこいい人だ。


一人さんは話を続けた。

「オレの勝ち方を、みんながマネしなくてもいいんだよ。

世の中には、いろんな勝ち方がある。

皆は皆で『うちの会社、ここがサイコーですよ』って言えるようなものを見つければいいんだよ。

サラリーマンの人なら、『会社の中で、自分はこれは負けない！』というものを持っていれば勝ちなんだよね。

ＯＬさんだったら、『挨拶が一番元気がいい』とか、『電話の出方が一番いい』とか、何かひとつ得意なことがあればいいんだよね。

それぞれが自分の勝ち方を見つけたとき、皆にとって、この世の中は最高におもしろくなるんで……。

神はオレだけが、幸せになる方法を教えっこないんだよ。

〝押し出し〟は、皆を幸せにする方法なんだよ。

皆が押し出したとき、皆が幸せになれるんだよ」

そこまで話すと、一人さんはふっと立ち上がった。

「みっちゃん、ちょっと外に散歩に行かないかい？　気分転換に歩きながら話そうよ」

私は「はい、喜んで！　ぜひお供させてください」と立ち上がった。

一人さんは最近、一日に三〇分から一時間くらい歩くことを日課にしている。人間というのは歩くと健康になるように作られているそうで、一人さんも新小岩の近辺をぐるぐる歩いている。

私は、一人さんがノドが乾いたときのために水を持って、一人さんの後をついていった。

散歩の途中で、どんな話が聞けるんだろう。

それを思うと、ワクワクした。一人さんの大きな背中を追う足取りが、スキップを踏むように軽くなっていた。

一人さんの幸せを呼ぶ〝押し出し〟ノート

21

それぞれが自分の勝ち方を見つけたとき、全員幸せになる！

“押し出し”しないままでいると、「退場」が待っている！

一人さんは新小岩の住宅街を、すたすたと歩いていった。そして、繁華街に入る。私はとにかく、一人さんの後を追っていった。

すると、繁華街に「餃子の王将」があった。一人さんはその看板を指差して言った。

「みっちゃん、この看板、よく見てごらん」

私は「餃子の王将」の看板をじっと見て、「餃子の王将ですよね」と言った。この看板から、一人さんは何を言いたいのか、さっぱりわからなかった。

「あのね、みっちゃん。『餃子の王将』って、餃子もおいしいけれど、王将ラーメンとか、焼きそばとか、ニラレバ炒めもおいしいよね」

「はい、おいしいですね、一人さん……」

一人さんが何を教えようとしているのか、ますますわからない。

「でも、看板には『餃子の王将』としか書いていないよね。これってなんでだと思う？」

「さあ、なんででしょう」私は突然の質問に首をひねった。そんなこと、考えてみたこともなかった。

「それはね……、その方が目立つし、お客さんに覚えやすいからだよ。要はこれも〝押し出し〟なんだよ」

一人さんは私の持っていた水を飲みながら、こんな話を始めた。

「『餃子の王将』っていう看板を見て、お客さんは『そうだ、餃子食べたいな』と思ってお店に入るよね。

そうすると、お店のメニューには、いろんな料理の名前が書いてある。それを見て、『あ、ラーメンもおいしそう』『あ、焼きそばもおいしそう』『うわあ、ニラレバもあるんだね』となるんだよ。それで『餃子と一緒に、他のメニューも頼んでみよう』という気持ちになる。

この流れがいいんだよ。

モノを売るときは、売りになるものを、ひとつに絞って押し出すんだよ。

その方が、お客さんは覚えやすいし、わかりやすい。

わかりやすいことが、お客さんへの最高の親切なんだよ。

だから、売りになるものをひとつ選んで、デッカく目立つように看板に書く。

これも〝押し出し〟なんだよ」

「うわあ、そうだったんですね！　だから『餃子の王将』って書いてあるんですね！」

私はようやく、一人さんの言いたいことを理解した。

いままで気が付かなかったけど、「王将」の看板にはそんな工夫がなされていたんだ！

一人さんは話を続けた。

「こうやって『餃子の王将』は押し出しているんだよ。

そうすると、お客さんの記憶に残るよな。

お客さんに、お店の存在を覚えてもらう。

これが商いの第一歩だよね。

いちばんいけないのは、『あそこにお店あった気がするけど、なんだったたけな……』って、お客さんの記憶に残らないことなんだよ。よく『お店がなくなっちゃったけど、何のお店か覚えていない』っていうのがあるよな。あれ、すごく悲しいよな。

あれってね、実は『退場』って言って、神さまに退場をもらったんだよ」

「神さまに退場をもらった？　それってどういうことですか、一人さん！」

聞きなれない言葉を耳にして、私は目を丸くして、思わず一人さんに問いかけた。

私は全身の力を耳に集中させて、一人さんの言葉を待った。

22

売りになるものをひとつ選んで、デッカく目立つように看板に書く　これも〝押し出し〟なんだよ

この世には三種類の人しかいない

「そうか、神さまの退場の話、みっちゃんにはしていなかったよな。それはこういうことなんだよ……」一人さんは話を始めた。

「あのね、みっちゃん。この世の中には、三種類の人しかいないんだよ。

ひとつは向上心を持って、喜んで仕事をする人。

お客さんにもっと喜んでもらいたいとか、もっとみんなを幸せにしたいとか、そういう気持ちで常に工夫したり、行動したりする人を、向上心があるっていうんだよ。

次にね、『このままだとお店がつぶれちゃうから、仕事しようかな』っていう気持ちで仕事する人がいるの。

この人は〝恐怖〟を元にして動いているよね。

神は〝恐怖〟で動く人がキライなの。

だから、神さまは絶対この人の味方はしないから、この人は自分の努力だけで仕事をしていくことになるんだよ。

最後に、『このままだとお店がつぶれちゃうけど、それでもやる気がでない』っていう人がいるよね。

切羽詰っているのに、それでもやろうとしない人。

お客さんが来ないのに、『この味を守らなきゃ』とか言って、改良しない人。

そういう人に、神は『退場』をくれるの。

そうすると、いつのまにか店がなくなっていたりするんだよ」

「うわあ、そういうことだったんですね、一人さん！　やる気がないのはいけないことだとわかるけど、改良しないのも、実は罪なんですね」

「そうだよ、みっちゃん。ちなみに改良するのに、お金はいらないんだよ。

仕事がヘタな人ほど、お客さんが来ないと『内装を変えなきゃいけない』とかお金をかけようとするけれど……。お客さんに笑顔で接するとか、返事を良くするとか、料理の味を良くするとか、お金をかけないでできることっていっぱいあるんだよ。

お勧めしている人は、『いつもブスッとしている』とか、『返事が悪くて、頼みづらい』とか、そういう態度をとっていると、その会社から退場をもらうことがあるよね。そういう人って、自分の態度を改めない限り、他の会社に行っても退場が待ってるんだよ。『この会社に、徳をさせよう！』と向上心を持って働けば、会社にとってなくてはならない人間になるよね」

「退場って、そういうことだったんですね、一人さん！」

商店街の近くで生まれた私は、数々のお店の「退場」を見てきた。だんだんお店の活気がなくなって、お客さんがこなくなる。そして、いつのまにかひっそりと消えてしまう。そのお店のことを誰も覚えていないし、誰も話題にもしない。「あそこに前あったの、何のお店だったっけ……」と誰かがぽつりと言うだけだ。

あれは「神さまからの退場」という修行をもらったんだ……。

私はちょっとショックを受けた。


一人さんは話を続けた。

「退場と言っても、それは神の愛なんだよ。だって、その人は退場をもらわないかぎり、自分の思いや働き方を変えないよね。だから、退場をもらって、初めて自分のことをあらいざらい見直すんだよ。その機会を神がくれているの。

『退場』って、人生にもあるんだよ。

オレたちは魂を向上させるために生まれたのに、いつまでも向上しないで、くだらないこと言ってると、神さまに『帰ってこい』って言われるんだよ。

それが『人生の退場』なの。

退場させられない前に、向上心を持って、自分からやるの。

オレたちだったら、人を幸せにするとか、健康にするとか、持って生まれた使命があるんだよ。

その使命をもらったんだから、常に進んで工夫したり、行動したりするんだよ。

そういう人は、寿命が来るまで『退場』にはならないからね」

「はい、一人さん、私進んで向上します！」私は力いっぱい答えた。

なんだか今日は、すごい話を聞かせてもらった。新小岩の商店街にたたずんで、一人さんと二人、夕日の中でオレンジ色に照らされている。

私は真っ赤になった空を見上げて、ふと思った。

私はご縁をもらって、一人さんの弟子してもらったけれど、すごい才能とか、経験とか、そういうものは何も持っていない。

こんな何もない私なのに、今日も一人さんは全力で、何時間もぶっ続けてレクチャーしてくれた。

「一人さん疲れませんか？」と私が思わず聞くと、一人さんは笑ってこう答える。

「オレは話すことが楽しいから、話しているんだよ。オレもこうして話しながら、みっちゃんと一緒に楽しんでいるんだよ」って。

私にできる、たったひとつの恩返しは、一人さんから教わったことを、惜しみなく皆さんにお伝えしていくことだけだ。

たぶんそれが私の「使命」で、それをやり続けることが、私にとっての「向上」なのだろう。

夕日の中で、にこやかにほほ笑んでいる一人さんを見ながら、私は誓いを新たにした。

一人さんの幸せを呼ぶ〝押し出し〟ノート

23

進んで工夫したり、行動したりする人に、「退場」は絶対に起こらない

第五章

みっちゃん、生まれてはじめて「セレブ扱い」を受ける

みっちゃん、ヴィトンのバックと指輪を購入する！

「〝押し出し〟は、やってみた人でなければ、わからない。

みっちゃんもやってみたら、周りの人の対応が変わるし、周りの人の目が変わってくる。

オレが言いたいことが、きっとわかると思うよ」

そう言って、一人さんの〝押し出し〟のレクチャーは、いったん終わった。

私は一人さんのレクチャーが後わった日、その足ですぐに銀行に行って、まとまったお金を降ろした。

そのお金を握りしめ、私は「ブランドもの激安店」に行った。

運のいいことにヴィトンのトートバッグがすごく安く買えた。

バッグの底に小さなキズがついていて、それだけで「わけあり値引き商品」となったのだ。

私はさっそく、そのヴィトンのバッグを買った。

トートバッグを買ったついでに、アクセサリー屋さんものぞいてみると、ごろんとした大きな石のついた指輪があった。

もちろん本物のダイヤではなく、イミテーションだけど、指にはめてみると目をひくほどキラキラ、まぶしく光る。

「アクセサリーを買うときは小さいのじゃダメだよ。

他の人にわからないからね。五メートル先の人にもはっきり見えるように、大きくて、目立つのをつけなきゃダメだよ」

一人さんの言葉を思い出し、「これはいいものを見つけた！」と指輪も購入した。

ヴィトンのバッグと、大きなダイヤっぽい指輪。

この二点セットを、私は最初の〝押し出し〟として、どこに行くときもつけるようにした。

すると、そんな〝押し出し〟の効果を、実感する出来事がすぐにやってきた。

まるで一人さんの教えが正しいことを証明してくれるような、忘れられない出来事が起きたのだ。

一人さんの幸せを呼ぶ〝押し出し〟ノート

24 アクセサリーは、はっきり見えるように大きくて目立つのをつけるんだよ

〝押し出し〟を始めると周りの人の態度が、あきらかに違ってくる

そのころ、私は仲間たちと東北に旅行に行く機会があった。

私はみんなの会計係として、チェックインの作業をしたり、お風呂の時間や食事の場所を仲居さんから教えてもらって、みんなにそれを伝える。

その日も宿のおかみさんと世間話を交わし、チェックインの手続きをしようと名前を書いていると、おかみさんが私のバッグと指輪をさりげなくチラッと見たのを感じた。

そして、こう言ったのだ。

「あの、お客さま……、実は本日、ワンランク上のお部屋が空いてございます。

いただく料金は同じにさせていただいて、そちらのお部屋に宿泊のご準備をさせていただいてもよろしいでしょうか？

私どもに、ささやかなサービスをさせていただきたいのです」

「えっ？」

私はびっくりした。

ちなみに私は、こんなサービスを受けるのは初めてだ。

すると、おかみさんはこう続けた。

「これを機会に、こちらに来られることがあったら、ぜひうちの宿をごひいきにしていただきたいのです」

「……」

これは、きっと〝押し出し〟のせいだ！

一人さんの言う通り、私のバッグと指輪は、早くも威力を発揮しはじめたのだ。

一カ月前の私と、中身が何か大きく変わったわけでもない。

それなのに、周りの扱いが、こんなに変わってくる。

これは私にとって、かなりの衝撃だった。

何もゴージャスな部屋に通されたいわけではないし、人から、チヤホヤされたいわけでもない。

でも、「周りの人の見る目はあきらかに違う！」ということはノー天気な私にもはっきりとわかった。

「早く、このバッグと指輪にふさわしい人になるように努力しなきゃ！」

そんな気持ちが沸きあがってきて、その日は、なかなか寝付けなかった。

私の頭の中には、一人さんの言う「〝押し出し〟の効果は、やってみた人しかわからない」という言葉がじわじわ沁みてきた。

25 〝押し出し〟の効果は、やってみた人にしかわからない

人は誰でも「成功していて、いい人」と付き合いたい

いままで私は「かわいいね」とか「親しみやすいね」とか言われることはあっても、「セレブみたいだね」とか、「成功しているんだね」とか、そう言

われたことはなかった。

そう、「親しみ系キャラ」で生きてきたのだ。

でも、そのことが、仕事にどう影響を及ぼすかをじっくり考えたことはなかった。

正直言えば、ブランドものにも興味もなかった。

「ヴィトンだ、プラダだ、グッチだ……」と、バッグひとつできゃあきゃあ言う女の子を見て、ちょっと軽蔑していた。

「人の価値はそんなもんじゃないでしょう?」という、ささやかなプライドだ。

「私は、ブランドものを持ったりするより、安くても自分が好きなモノを買って、それを楽しく身に着けていればいいや。それで人に感じ良く接して、心がきれいだねとか、いい人だねとか言われた方がずっといい」という考え方だった。

でも、私は一人さんから〝押し出し〟に対するレクチャーを、何日間にもわたって受けた。

一人さんは、そんじょそこらの成功者ではない。

親や教師が、誰も教えてくれないことを、教えてくれる。

世間の人が、心の中で思っていても、口に出さない心理のからくりも、ちゃんと心得ている。

だからこそ、「納税額日本一の大富豪」となったのであり、「当代きっての実業家」と世間から呼ばれるようになったのだ。

いままで常識にしばられて育った私のような人は、一人さんの斬新な教えは、すぐに受け入れられないこともある。

でも、一人さんを信じて、ちゃんとやってみると、その威力をジワジワ感じるような出来事が、絶対に起きてくるのだ。

私は旅館の一件があってから、そのことを何度も考えるようになった。

私は旅館の一件を一人さんに話してみた。

一人さんはニコニコしながら、おだやかな声で「そうかい、そうだったのか」と相槌を打ちながら聞いてくれた。

そして、こう言った。

「みっちゃん、それは、あたりまえのことなんだよ」

「みっちゃん、人は誰だって、『成功していて、感じのいい人』が現れたら、その人とずっと付き合いたいと思う。

商売をしている人なら、そういうお客さんが来たら、ぜひ常連さんになってほしいとできるかぎりのサービスをするだろう。

それは、仕事の世界では、あたりまえのことなんだよ。

あたりまえのことだけど、誰も口にしないだけ。

よく『私は誠意ある態度で接したのに、人からなめられた態度をとられて、くやしい！』という人がいるよね。

そういう人って、〝押し出し〟が足りないんだよ。

なめた態度をとった人も悪いけど、なめられるような格好をしている自分も悪いんだよ」


「なめた態度をとった人も悪いけど、なめられるような格好をしている自分も悪い……」

私は思わず、一人さんの言葉を、そのまま繰り返した。

「なめられるような格好をしている自分も悪い」ということを認めるのは、正直、ちょっとキツい作業だ。

人は誰だって「自分は悪くない」と思っていたい。

でも、それでは成長も何もないし、私の心の中には、思い当たることがいくつもあった。
一人さんのひと言で、私の頭の中には、「なめられた出来事」が走馬灯のようにいくつもよみがえってきた。

一人さんの幸せを呼ぶ〝押し出し〟ノート

26 なめた態度をとった人も悪いけど、なめられるような格好をしている自分も悪い

〝押し出し〟をしていなかったころの私は、何度も軽く扱われた！

私は一人さんの話を聞きながら、いままでの思い出がよみがえってきた。

〝押し出し〟というものをまったくしていなかったころ……、私はあるパーティに呼ばれた。

おしゃれなレストランで行われたパーティだったけど、私はろくにおしゃれもせずに、普段着のままそこへ出かけた。

レストランの入り口で、「ちょっとお待ちくださいませ」と、私は長いこと待たされた。

私が待っていることを知っているにもかかわらず、ウエイターは、別の作業に没頭するフリをして、私をなかなか中へと招き入れなかった。

私の後に、華やかなドレスを着て、髪の毛をきれい結い上げている女性が店に入ってきたけれど、彼女はすぐ中へ通されたというのに……。

私は軽く扱われていたのだ。

こういうこともあった。私が初めてのお店を持ったときのことだ。

「自分は健康食品に精通している……」という年配の男性客がきた。

その人は、商品に関して、いろいろ詳しく聞きたいとスタッフに言い、店長の私を呼び出した。

私が出ていくと、その人は私を見て、バカにしたようにせせら笑った。

そして「さて、お嬢ちゃんに、私の知りたいことがちゃんと説明できるかな？」と言った。

私は丁寧に説明しようとしたが、話もろくに聞かず、その人はそそくさと帰って行った。

私は軽く扱われていたのだ。

そういう出来事があると、私は憤慨して、その夜、密かにベッドの中で悔し涙を流したりする。

そのときは、とんだ災難だと思った。

でも、ひょっとしたら、私にも非があったのかもしれない……。

私は一人さんに、その思い出をひとつひとつ話した。

一人さんは「そうかい、そんなことがあったのかい」と言いながら、私の話を聞いてくれた。

私が「これって、〝押し出し〟をしなかった私が悪いんですよね」というと、一人さんはこう言った。

「昔のみっちゃんは〝押し出し〟のことを知らなかったんだから、しょうがないんだよ。

でも、いまのみっちゃんはオレに教わって〝押し出し〟のことを知ったよね。

みっちゃんは、オレが教えてすぐに行動したから、オレはすごくえらいと思うよ。

だけどね、世の中には、いいことを知ったのに、やらない人が多いよね。あのね、みっちゃん。いいことってね、知らないよりも、知っててやらないことの方が罪なんだよ」

「えっ、知らないよりも、知っててやらないことのほうが罪？」

一人さんの言葉に、私は思わず身を乗り出した。

「そうだよ、罪なんだよ。

例えばね、こういうことなんだよ。地方から来た人に『新小岩の駅まで、どうやって行くの?』って聞かれたとき、『いや私も地方から来たから、知らないんです』っていうのは罪じゃないんだよ。

だけど、新小岩までの行き方をよくわかっているのに、それを教えてあげないのは罪だよね。

知っているくせに、行動しない人を、神は嫌うんだよ。

いいことを誰かに教えてもらったら、すぐにそれをやる人を、神は応援するんだよ。

オレはいつも『この星は、行動の星だ』って言っているよね。

どんなにいいことをたくさん知っていても、行動しなければ、ひとつも身にならない。

この〝押し出し〟も話も、聞いたら、すぐに実行してみてほしいんだ。

そしたら、オレがどうしてこんなに熱く皆に語るのか、よくわかると思うよ」

一人さんに、「みっちゃんはえらい！」とほめてもらって、私はとってもなく嬉しくなった。一人さんのレクチャーを受けたその足で、ヴィトンのバッグと指輪を買いにいって、心からよかったと思った。

「この星は、行動の星」という一人さんの教えを、今後も絶対に忘れないようにしたい。私は心にそう誓った。

一人さんの幸せを呼ぶ〝押し出し〟ノート

27 〝押し出し〟のことを知ったら、すぐに行動に移す

〝押し出し〟をしないのは、「ブスだから化粧しない」というのと同じ

一人さんは話を続けた。

「よく『ウチにはお金もないし、地位も名誉もないから、〝押し出し〟したってしょうがない』っていう人がいるんだよね。

でも、地位も名誉もなくて、〝押し出し〟もしなかったら、絶望的だよね。

そういう人って、『私には愛があります』とか『やさしさがあります』って言うけれど……、それだけじゃあダメなんだよ。成功は、『愛』や『やさしさ』だけではできないんだよ。はっきり言って、そういう人はいくらでもいるんだよ」

いつもおだやかに話す一人さんだけど、本当に話が「肝の肝」のところに

触れると、ヒートアップしてくる。でもその熱さが、聞いている人の心にジーンと響いて、なぜか涙が出そうになる。「これは、本当に大切なことなんだ」ということをこんなにも熱く教えてくれようとしている一人さんに対して、感謝の思いが胸にあふれてくる。

一人さんは話を続けた。

「『〝押し出し〟しておいて、やさしい』とか、『〝押し出し〟しておいて、愛がある』とか、それがいいんだよ。

そういう人はめったにいないから、ものすごく目立つし、ものすごく魅力的なんだよ。いい驚きがあるんだよ。わかるかい、みっちゃん？」

「はい！　わかります！　やっとわかるようになりました、一人さん！」

一人さんの問いかけに、私は全身の力をこめて答えた。

一人さんは顔をほころばせて笑ってくれた。

「みっちゃんは素直に実践してくれたから、オレはうれしいよ。

でも中には、オレが〝押し出し〟の話をしても、ガンとしてやらない人がいるんだよね。

『私はいまさら何かをしたところで、何も変わらない』とかって、あきらめちゃってるんだよね。

でも、こういうのって、言葉は悪いけど、『ブスだから化粧しない』っていうのと同じだよ。

『ブスだから、化粧しない』っていうのは絶望的だよね。

そういうふうに片付けちゃったら、人生、すべて投げ出してることになるんだよ。

負けを認めて、いじけながら生きていくことになるんだよ。

わかるかい？

自分のことをブスだと思っているからこそ、化粧するんだよ。

化粧をしたことがなかったら、まず口紅ひとつでも、頬紅ひとつでもつけてみようとするんだよ。

そうやって、ひとつひとつ、プラスしていく。

そうしたら周りの人が『この人、なんか前と違ってきたな』と思うようになるんだよ。その人に対する扱い方も変わってくるんだよ。

そこから、ずっと負けっぱなしの人生が断ち切れて、勝ちの人生が始まるんだよ。

そうやって勝ちの人生になると、その人の『生き方の式』が、プラスになるんだよ」

「『生き方の式』がプラスになる……ですか？」

私は聞きなれない言葉を耳にして、思わず聞き返した。

「そう、人は誰でも『生き方の数式』っていうのを持っているんだよ。『生き方の数式』には、プラスとマイナスの二種類しかないんだよ。

『プラスの数式』を持っている人は、何をやっても足し算になる。だから、何をやっても魅力が増えたり、チャンスが増えたり、お金が増えたりする。いいことばかりが増える人生なんだよ。

その逆で『マイナスの数式』を持っている人は、何をやっても引き算になるんだよ。何をやっても、悪い結果に終わったり、人に嫌われたり、人にいじめられたり、お金が減ったり……、とにかくマイナスの出来事ばかりが連鎖して、それはどんどんひどくなっていく。

勝ちの人生を始めた人には、『プラスの数式』がつくんだよ。

負けの人生を認めた人には、『マイナスの数式』がつくんだよ。

たとえ、いままで負けの人生でも、『自分は今日から、勝ちの人生にするぞ！』と決めて〝押し出し〟を始めた人は、その時から『プラスの数式』に変わるんだよ。

わかるかい、みっちゃん」

「はい、わかります、一人さん」私は過去の自分を思い返していた。家にひきこもりがちで、うつになって、人のことばかりうらやんでいた自分。

あのとき、私の持っていた数式は、あきらかに「マイナスの数式」だった。

でも、一人さんに出逢って〝押し出し〟のことを教えてもらい、私はそれを実践するようになった。

そのときから、私には、なぜかいいことばかりが起こるようになった。

私の持っている数式は、あきらかに「プラスの数式」に変わったのだ……。

一人さんは話を続けた。

「地位も名誉もないやつは、とにかく自分の数式を『プラスの数式』に変えるんだよ。勝ちの人生に変えるしかない。

それには、押し出すしかないんだよ。

地位も名誉もなくて〝押し出し〟もしないと、いつまでも数式はマイナスのままだよ。何をやってもうまくいかないよ。そんな生き方、絶望的なんだよ。

だから〝押し出し〟のことを知った人はものすごくラッキーなんだよ。

〝押し出し〟をひとつずつやっていって、人生を『プラスの数式』に変える。自分が勝てる方法を、何でもいいから見つけるんだよ」

「はい、一人さん。私、この〝押し出し〟のことを、周りのすべての人に知らせます。いままで負け続けていたような人にも教えて、私と一緒に、みんなで勝ちの人生を楽しく歩みたいです」

昔、私は自分が負け続けていたからこそ、「負けの人生」の人の気持ちが誰よりもわかる。

自分に自信がなくて、人がうらやましくてたまらない。

何をやっても、夢中になれない。

何をやっても、あきらめモード。

何をやっても中途半端で終わってしまう。

そして最後には、誰かのせいにして、放り出してしまう自分。

そんな自分が情けないし、大嫌いだった。

そんな私のような人に、「勝ちの人生」に変わる楽しさを教えてあげたい。

そのために、私は一人さんから直々に、〝押し出し〟のレクチャーをしてもらったような気がする。

私が心をこめてそう宣言すると、一人さんはにっこりと笑ってくれた。

28 地位も名誉もなくて、〝押し出し〟もなかったら絶望的！

〝押し出し〟の強い者同士は、ケンカにならない

一人さんの〝押し出し〟の話を聞いてきて、ずっと聞きたいことがあった。
私はその質問を、思い切ってぶつけてみた。

「あの……、一人さん、〝押し出し〟の強い者同士が出会ったら、ぶつかって、ケンカになったりしませんか?」

すると、一人さんは即答した。

「みっちゃん、それは、ならないよ。

〝押し出し〟の強い者同士が出会ったら、お互い仲間だって、すぐにわかるんだよ。だから、パッとわかりあえちゃうんだよ。

ああ、この人も、すごくいろんなことを考えて、〝押し出し〟をしているんだってね」

「……ああ、なるほど、そうなんですね」

「戦国時代の武将だって、〝押し出し〟を命がけでやっている武将に出くわすと、『敵ながら、あっぱれ』と思うものなんだよ。そういう場合は、すぐに戦をしかけたりしない。相手のことを敬ったり、敬意をはらったりして、できるだけ味方になるような方法をとるものなんだ」

一人さんの言っていることが、なんとなくわかる気がする。

例えばいまの時代だって、一生懸命〝押し出し〟をしている人は、すぐにわかるし、仲良くなりたいと思う。

それは私が〝押し出し〟ということを始めたからだ。そんなこと知る前は、〝押し出し〟をしている人を見ても、「派手な人だなあ」とか、「目立ちたがり屋だなあ」とか、「私とは住む世界の違う人だ」などと敬遠していた方だった。

でも、いまとなっては〝押し出し〟をしている人の方と、話がよくあう。

ブランドのバッグを安く手に入れる方法や、ダイヤモンドみたいにキラキラのアクセサリーを売っている店など、いろいろ情報交換するのも楽しい。

お互い競い合って、ますますパンチの効いた〝押し出し〟を考えていくのが、病みつきになりそうなほど楽しい。

そうか。「ケンカになるのでは？」というのは、私のお粗末な考え方だった。人間って、同じ志を持っている人に出会うと、わかりあって、うれしくなって、仲良くなるものなんだな。

私は、一人さんの言葉が腑に落ちた。

一人さんの幸せを呼ぶ〝押し出し〟ノート

29 押し出している人同士は、すぐにわかりあえて、仲良くなれる

名前ひとつにも〝押し出し〟がある

「みっちゃん、今日は最後の〝押し出し〟のレクチャーをするよ。もう〝押し出し〟に関しては、いろんなことをみっちゃんに教えたからね」

一人さんから、そんなふうな話があって、私はちょっぴり寂しい気持ちになった。

「最後のレクチャーはね、名前にも〝押し出し〟があるってことなんだよ。〝押し出し〟のきく名前にしたほうがトクなんだよ」

「一人さん、名前に〝押し出し〟があるって、どういうことですか？だって、名前って、生まれたときに親が決めるものですよね？」

私はまた頭がクラクラしてきた。

一人さんが何を言っているのか、まったくわからなかった。

ハトが豆鉄砲をくらったような顔をしている私を見て、一人さんはちょっと可笑しそうに笑った。

そして、おだやかな声でこう言った。

「いいかい、名前っていうのは、ものすごく大事なんだよ。

何度も、何度も、人から呼ばれているうちに、その名にふさわしい人になっていく。

例えば、『みっちゃん』という名前は、すごく親しみのある、かわいい名前だよね。

でも、威厳があったり、『すごい人だ!』と思わせるような要素が、この名前にはない。

でもね、例えば名前の下に、〝先生〟とつけて、〝みっちゃん先生〟という名前にしたら、どうだろう？

〝みっちゃん先生〟という名前を初めて聞いた人は、こう思うだろう。

『この人は、何かに秀でている人なんだ』『何かを人に教える立場の人だ』

という雰囲気が、この名前には漂っているよね。

「これが、オレの言う名前の〝押し出し〟なんだよ」

私はお弟子さんの中でも、人一倍自信がない方だ。

一人さんにも、そのことはお見通しである。

いま思うと一人さんは私に、何とかして自信をつけさせたいと考えて、この名前をつけてくれたのだろう。

でも、私はまだ一人さんの言うことが、素直に聞けなかった。

「えー、先生なんて呼ばれるの、なんかこそばゆい。

体のあちこちが、かゆくなっちゃうよ」

テレもあったせいで、そんなふうにチャカして、体をボリボリ掻いてみるフリまでした。

いま思い出しても、このときの自分のバカさかげんに「ウワーッ!」と叫びたくなる。

せっかくの一人さんの愛情を、どうして素直に受け取って、ちゃんとお礼が言えなかったのだろう。

そんな私の態度に、一人さんは腹を立てることもなく、ニコニコしながらこう言った。

「みっちゃん、別にいまは何もなくてもいいんだよ。

これから、何の先生になるかを決めればいい。

先に、名前だけ前借りしてつけておくんだよ。

いま何も持っていないからといって、〝押し出し〟をやらないと、いつまでたっても自信のないみっちゃんから抜け出せないだろう?

人は、先生って呼ばれているうちに、その名にふさわしい人になってくるものなんだよ。

ね、この方法、すっごくカンタンだろう?

ちっとも難しいことじゃないのに、みんな気が付かない。

これって、もったいないよな」


一人さんは仲間の社長たちを呼ぶと、こう言った。

「おーい、今日からみっちゃんのことは、みっちゃん先生って呼ぶんだぞ。みんな、わかったな」

こうして私は、「みっちゃん先生」と呼ばれるようになった。

正直言うと、私は最初、恥ずかしくてたまらなかった。

なんか名前だけが立派になって一人歩きしているような気がするし、私なんかを「先生」と呼ばなきゃいけない仲間やスタッフたちだって気の毒だ。

誰かが「みっちゃん先生」と人ごみの中で呼ぶと、人がふりかえって見たりする。

「もう、みっちゃん先生っていう名前、恥ずかしいからやめてくださいって言おう」

そう一人さんに言おうとさえ考えていた。

ところがそんな「みっちゃん先生」という名前の威力を、しみじみ感じるような出来事がちゃんと起きた。

ある日、私は自分の店の売り上げが突然ドーンと落ちてしまい、最高に落ち込んでいた。

こういうトラブルが起きると、私は必要以上に、自分のことを責めるクセがある。

「どうせ、私なんか……」「ほらね、やっぱりダメだったじゃないの……」、そんなマイナス用語が心の中にあふれてきて、すぐに立ち直ることができない。

まるで「悲劇のヒロイン」になったように、しばらくはすべてのことを否定的にとらえてしまうのだ。

その日も、私の心は、まさにどん底まで落ち込んで、自分責めの泥沼にハマってドロドロだった。

すると、あるスタッフが私を呼んだ。

「みっちゃん先生！」

そのとき、私はハッと我に返った。

「そうだ、私、先生という名前をもらっていたんだった。この名にふさわしい行動をしなきゃいけない。いつまでも落ち込んでいる場合じゃない。しっかりして、売り上げが落ちた原因をちゃんと探さないと……」。そう気持ちが切り替わった。

このとき、私は、なぜ一人さんが私に「みっちゃん先生」という名前をつけてくれたのかがよくわかった。

名前というのは、ただ単に人に〝押し出し〟をするだけでない。

何か失敗したり、落ち込んだとき、人からその名を呼ばれることで、自分の心をグッと押し上げてくれる……そんな効果も持っているのだ。

そのことを思ったとき、私は初めて涙が出た。

一人さんに対して、感謝の気持ちがあふれてきた。

一人さんの教えは、私のように「常識まみれ」で育った人には、すぐにわからないことが多い。

でも、ひとつひとつに深い意味があって、ひとつひとつに深い愛情がある。

ひとつの教えが、パズルをひとつずつ組み立てるようになっていて、最後にパズルが完成すると、そこには見たことがないほど素敵な「シンデレラのお城」が現れる。

そのとき初めて、パズルを作った本人は、そのお城のすばらしさに、震えるような感動を覚える。

そのことを、一人さんのそばにいる人はよく知っているから、一人さんを尊敬してやまないし、一人さんのそばから離れられないのだ。

一人さんの幸せを呼ぶ〝押し出し〟ノート

30 人に呼ばれることで、それにふさわしい人になっていく

私にとっての最高の〝押し出し〟は、一人さん！

一人さんから教わった〝押し出し〟の法則を実践したことで、私はいろいろなことが驚くほどうまくいくようになった。

仕事をしていても、誰かになめられるようなことがなくなったし、みんな私を大切に扱い、私の言うことを真剣に聞いてくれるようになった。

私が一番大切にしたことは、〝押し出し〟をしながらも、目の前の相手に丁寧にやさしく接することで（一人さんの言う「ギャップの魅力」）、これをしていたら、なぜか私のところには、気さくで働き者のスタッフが集まるようになった。

私は自分のスタッフや、お客さんにも〝押し出し〟の法則を伝えた。みんなでかっこよく生きながら、楽しく仕事をするのをモットーにしていたら、売り上げは面白いように伸びていった。

そして、ついに私は江戸川区の長者番付にも名前がのるようにまでなっていた。


そんなある日、仲の良かった同級生から、「こんど、皆で集まらない？」という誘いがあった。

私は懐かしさがこみあげてきて、すぐに「行く行く！」と返事をした。

一人さんにそのことを話すと、「よかったね、みっちゃん、ゆっくり楽しんでおいでよ」と笑顔で言ってくれた。

そして、その当日。その日、私は緊急の仕事が入ってしまい、猛烈に忙しかった。仕事が終わったら、いちど家に帰って、華やかなスーツに着替え、髪もきれいにセットして、待ち合わせのレストランに向かう予定だった。

ところが、仕事がどうしても終わらない。待ち合わせの時間は刻々と迫っている。私は仕方なく、仕事着のまま、レストランに向かうことになった。タクシーでレストランに向かう途中、私の胸にはチクッと差すような思いがあった。

「一人さんから、あれだけ〝押し出し〟のことを教わったのに……。こんな普段着のままで出かけてしまって、よかったのかな？」

私は迷ったけれど、今日、集まるのは気のおけない女友達だけだ。

それに正直言うと、数カ月前に、江戸川区の長者番付に自分の名前が載ったこともあって、「お金持ちになったら、急にめかしこむようになった」とか、そんなふうに見られたらイヤだな……という感情もあった。

そんなこんなで、私は普段着のまま、レストランへと到着した。

昔の同級生は、ちっとも変わらない。ずいぶん長い間、会えなかったことも忘れて、皆で昔話に花を咲かせた。私はすっかり気分がなごんでいた。

そんなとき、一人の同級生が、突然、私に話しかけてきた。

「そういえばさあ、みっちゃんはずいぶん、お金持ちになったみたいね」

そう切り出したのは、私を昔「大トロ」と呼んでいた彼女だ。

私は、「うん、すばらしい師匠と出会ってね。その人に、精神的にも、経済的にも、幸せになる方法を教えてもらったんだよ」と説明しようとした。

そう言おうとする私の言葉をさえぎって、彼女はこう言った。

「それにしてもさあ……、アンタは昔と同じで、ぜんぜんパッとしないじゃない。すごいお金持ちになったって聞いたから、ものすごいドレスでも着てくるんじゃないかと思って、楽しみにしていたんだよ。

やっぱり、大トロは、大トロのまんまだね」

「……」

彼女の放った一言で、その場はシーンとなった。

彼女の言い方は、あきらかにトゲがあった。

「彼女は、いまも私のことを、なめている……」その事実に、私はいやがおうでも気付いてしまった。

私は、一人さんの言う通り、〝押し出し〟をしてこなかったことに、激しく後悔した。「やっぱり今日も、ちゃんと〝押し出し〟をしてくるべきだった……」そんな思いにさいなまれて、胸がジリジリと焼けるようだった。

なんだか場も静まりがちになり、そのまま「お開き」ということになった。

みんなで店の外に出ようとしたとき、一人の女の子が「わあ！」と声をあげた。

「あれ、ロールスロイスじゃない⁉　なんで、こんなところに、こんな高級車がとまっているんだろう？」

彼女の興奮した声を聞いて、私は「あっ！」と思った。

まさか……まさか……、一人さんかもしれない……。でも、こんな遅い時間に、こんなところまで来てくれるはずはない……。

私はあわてて、店のドアを開けた。


すると、ミンクブルーのロールスロイスのドアがスッと開き、一人さんが中からにっこり微笑んで出てきた。

一人さんはボルサルリーノの帽子をかぶり、アルマーニのスーツをピシッと着こなしている。

私の同級生たちは、皆、店の前に一列に並んで、無言になりながら、一人さんとロールスロイスを交互に見つめている。

すると、一人さんが、皆に深々と頭を下げた。そして、こう言った。

「皆さん、いつもうちのみっちゃんが、お世話になっております」

そして、私に手招きをして言った。

「さあ、みっちゃん、帰ろう」

皆が圧倒されて口も聞けない中、私は一人さんのロールスロイスの助手席に乗りこんだ。車の窓から顔を上げると、私を「大トロ」と呼んでいた彼女が、ものすごく驚いた顔をして、口をポカンと開けているのが見えた。

私は胸がスカッとした。はじけるような嬉しさがこみあげてきた。

そして、運転席の一人さんにこう言った。

「一人さん、ありがとうございます‼　私、私……、今日ほど嬉しかった日はありません」

すると一人さんは、私を見て、にっこり笑いながら、こう言った。

「今日は、みっちゃんにサプライズだよ。今日のみっちゃんは、仕事が忙しくて、着替えもせずにすっとんで行ったって聞いたから、オレが〝押し出し〟として、駆けつけてあげようと思ってね」

私は嬉しさに、思わず涙がこみあげてきた。何か言おうとするんだけど、何もしゃべることができない。それでも、全身の力をふりしぼって、こう言った。

「私にとっての最高の〝押し出し〟は、一人さんです！」

ミンクブルーのロールスロイスの窓から、街の夜景が見える。そのイルミネーションは、私の心を現すように、いつまでもキラキラ輝き続けた。

私の〝押し出し〟の旅は、まだ始まったばかりだ。

一人さんの幸せを呼ぶ〝押し出し〟ノート

31 〝押し出し〟は、誰でも成功できる魔法の法則

一人さんの幸せを呼ぶ〝押し出し〟ノート

（お友達や大切な人にコピーしてあげてください）

さいとうひとり公式ブログ

http://saitou-hitori.jugem.jp/
一人さんが毎日、あなたのために、
ついてる言葉を日替わりで載せてくれています。
ときには一人さんからのメッセージもありますので、
ぜひ、遊びに来てください。

お弟子さんたちの楽しい会

◆斎藤一人 一番弟子――柴村恵美子
恵美子社長のブログ
http://ameblo.jp/tuiteru-emiko/
恵美子社長のツイッター
http://twitter.com/shibamura_emiko
PC サイト　http://shibamuraemiko.com/

◆斎藤一人　ふとどきふらちな女神さま
――舛岡はなゑ
http://ameblo.jp/tsuki-4978/

◆斎藤一人　みっちゃん先生公式ブログ
――みっちゃん先生
http://mitchansensei.jugem.jp/

◆斎藤一人　芸能人より目立つ!!
365 日モテモテ♡コーディネート♪――宮本真由美
http://ameblo.jp/mm4900/

◆斎藤一人　おもしろおかしく♪だから仲良く☆
――千葉純一
http://ameblo.jp/chiba4900/

◆斎藤一人　のぶちゃんの絵日記
――宇野信行
http://ameblo.jp/nobuyuki4499/

◆斎藤一人　感謝のブログ　４匹の猫と友に
――遠藤忠夫
http://ameblo.jp/ukon-azuki/

◆斎藤一人　今日一日、奉仕のつもりで働く会
――芦川勝代
http://www.maachan.com/

４９《よく》なる参りのすすめ

４９なる参りとは、指定した４カ所を９回お参りすることです。お参りできる時間は朝10時から夕方５時までです。

◎１カ所目……ひとりさんファンクラブ　五社参り
◎２カ所目……たかつりえカウンセリングルーム　千手観音参り
◎３カ所目……オフィスはなゑ　七福神参り
◎４カ所目……新小岩香取神社と玉垣参り
（玉垣とは神社の周りの垣のことです）

ひとりさんファンクラブで４９なる参りのカードと地図を無料でもらえます。お参りすると１カ所につきハンコを１つ押してもらえます（無料）。

※新小岩香取神社ではハンコはご用意していませんので、お参りが終わったらひとりさんファンクラブで「ひとり」のハンコを押してもらってくださいね!!

ひとりさんファンクラブ

住　所：〒124-0024　東京都葛飾区新小岩 1-54-5
ルミエール商店街アーケード内
営　業：朝 10 時〜夜 7 時まで。
年中無休電話：03-3654-4949

各地のひとりさんスポット

ひとりさん観音：瑞宝山　総林寺
住　所：北海道河東郡上士幌町字上士幌東 4 線 247 番地
電　話：01564-2-2523

ついてる鳥居：最上三十三観音第二番　山寺千手院
住　所：山形県山形市大字山寺 4753
電　話：023-695-2845

観音様までの楽しいマップ

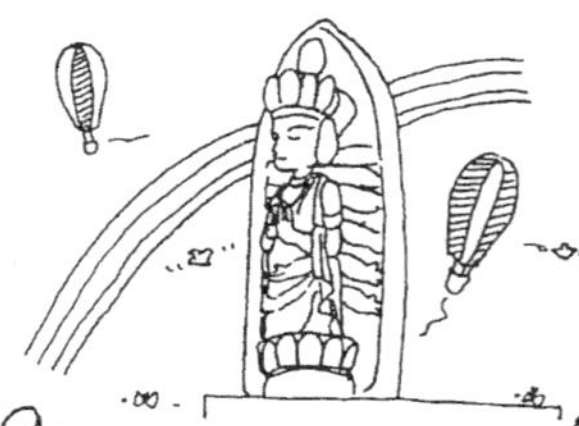

★ 観音様

ひとりさんの寄付により、夜になるとライトアップして、観音様がオレンジ色に浮かびあがり、幻想的です。

この観音様は、一人さんの弟子の1人である柴村徳美子さんが建立しました。

① 愛国←→幸福駅

『愛の国から幸福へ』この切符を手にすると幸せを手にするといわれスゴイ人気です。ここでとれるじゃがいも野菜・etcは幸せを呼ぶ食物かも!! 特にとうもろこしのとれる季節には、もぎたてをその場で茹でて売っていることもあり、あまりのおいしさに幸せを感じちゃいます

② 十勝ワイン（池田駅）

ひとりさんは、ワイン通といわれています
そのひとりさんが大好きな十勝ワインを売っている十勝ワイン城があります
★十勝はあずきが有名で『赤い宝石』と呼ばれています。

③ 上士幌

上士幌町は柴村恵美子が生まれた町。そしてバルーンの町で有名です。8月上旬になると、全国からバルーンミストが大集合。様々な競技に腕を競い合います。体験試乗もできます。

ひとりさんが安全に楽しく気球に乗れるようにと願いを込めて観音様の手に気球をのせています。

④ ナイタイ高原

ナイタイ高原は、日本一広く大きい牧場です。牛や馬、そして羊もたくさんいちゃうのヨ。そこから見渡す景色は雄大で感動!!の一言です。ひとりさんも好きなこの場所は行ってみる価置あり。

牧場の一番てっぺんにはロッジがあります（レストラン有）。そこで、ジンギスカン焼肉・バーベキューをしながらビールを飲むとオイシイヨ!!とってもハッピーになれちゃいます。それにソフトクリームがメチャオイシイ。2ケはいけちゃいますヨ。

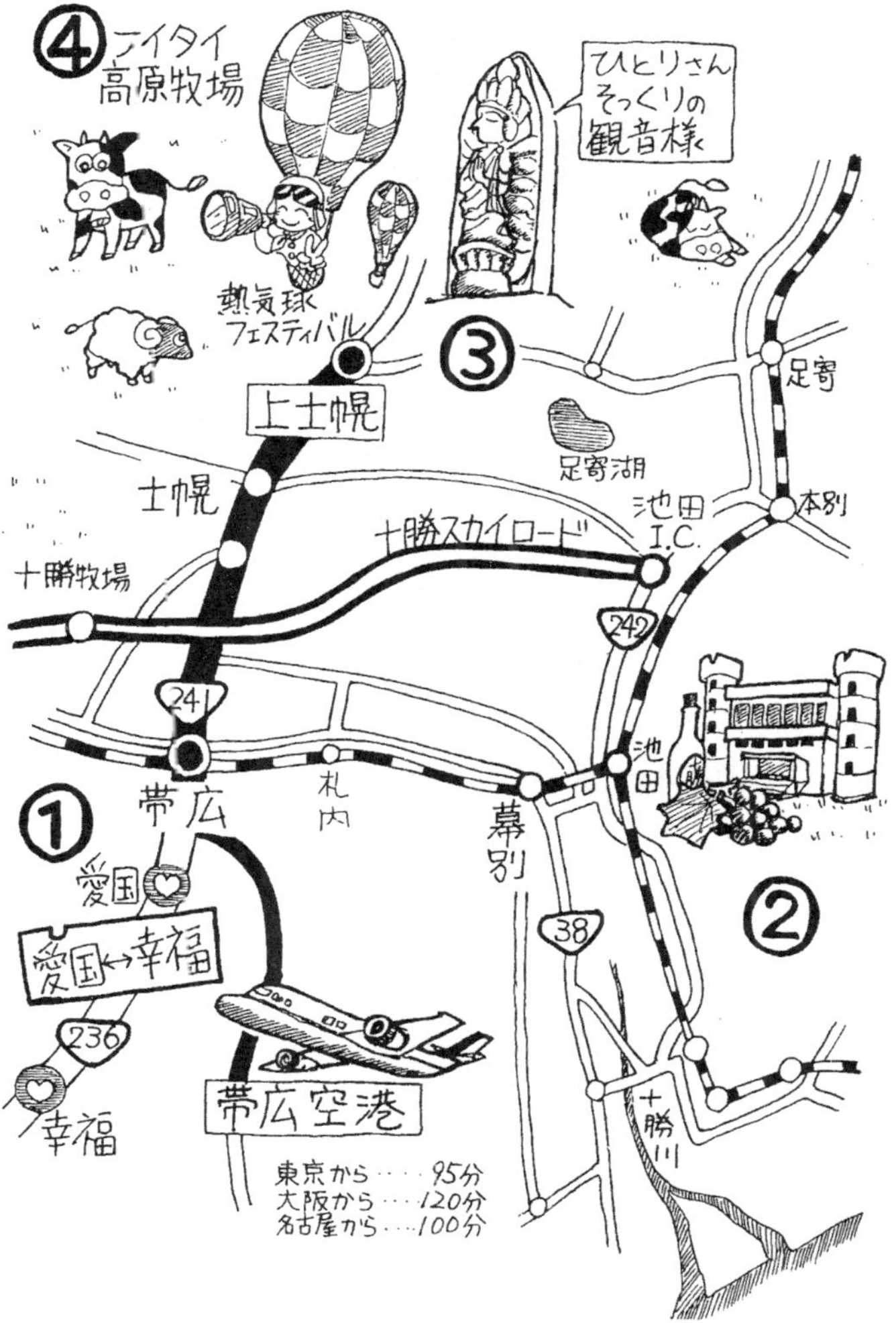

④ナイタイ高原牧場
熱気球フェスティバル
ひとりさんそっくりの観音様
③
上士幌
足寄
足寄湖
士幌
池田I.C.
本別
十勝スカイロード
十勝牧場
242
241
池田
帯広
札内
幕別
①
愛国
愛国↔幸福
②
38
236
十勝川
幸福
帯広空港
東京から……95分
大阪から……120分
名古屋から……100分

斎藤一人さんのプロフィール

東京都生まれ。実業家・著述家。ダイエット食品「スリムドカン」などのヒット商品で知られる化粧品・健康食品会社「銀座まるかん」の創設者。1993年以来、全国高額納税者番付12年間連続6位以内にランクインし、2003年には日本一になる。土地売買や株式公開などによる高額納税者が多い中、事業所得だけで多額の納税をしている人物として注目を集めた。高額納税者の発表が取りやめになった今でも、着実に業績を上げている。また、著述家としても「心の楽しさと経済的豊かさを両立させる」ための本を多数出版している。『変な人の書いた世の中のしくみ』『眼力』（ともにサンマーク出版）、『強運』『人生に成功したい人が読む本』（ともにPHP研究所）、『幸せの道』（ロングセラーズ）など著書は多数。

1993年分——第4位	1999年分——第5位
1994年分——第5位	2000年分——第5位
1995年分——第3位	2001年分——第6位
1996年分——第3位	2002年分——第2位
1997年分——第1位	2003年分——第1位
1998年分——第3位	2004年分——第4位

〈編集部注〉

読者の皆さまから、「一人さんの手がけた商品を取り扱いたいが、どこに資料請求していいかわかりません」という問合せが多数寄せられていますので、以下の資料請求先をお知らせしておきます。

フリーダイヤル 0120-497-285

本書は平成二五年一一月に弊社で出版した
書籍を新書判として改訂したものです。

誰でも成功できる
押し出しの法則

著　者　みっちゃん先生
発行者　真船美保子
発行所　KK ロングセラーズ
東京都新宿区高田馬場 2-1-2　〒 169-0075
電話（03）3204-5161（代）　振替 00120-7-145737
http://www.kklong.co.jp
印　刷　大日本印刷（株）　製　本　（株）難波製本

落丁・乱丁はお取り替えいたします。
※定価と発行日はカバーに表示してあります。
ISBN978-4-8454-5051-0　C0230　Printed In Japan 2018